왜 차별금지법인가

BOOK
JOURNALISM

왜 차별금지법인가

발행일 ; 제1판 제1쇄 2021년 5월 17일 제1판 제2쇄 2022년 3월 28일

지은이 ; 이주민 발행인 · 편집인 ; 이연대

CCO ; 신기주 에디터 ; 전찬우

디자인 ; 유덕규 · 김지연 지원 ; 유지혜 고문 ; 손현우

펴낸곳 ; ㈜스리체어스 _ 서울시 중구 한강대로 416 13층

전화 ; 02 396 6266 팩스 ; 070 8627 6266

이메일 ; hello@bookjournalism.com

홈페이지 ; www.bookjournalism.com

출판등록 ; 2014년 6월 25일 제300 2014 81호

ISBN ; 979 11 91652 01 7 03300

BOOK
JOURNALISM

왜 차별금지법인가

이주민

: 차별이라고 하면 남성이 여성에게, 이성애자가 동성애자에게, 한국인이 다른 인종에게 가하는 것처럼 틀에 박힌 모습만을 상상한다. 하지만 우리 사회에는 정해진 강자와 약자만 있는 것이 아니다. 모든 사람은 사회적 강자로서의 특성과 약자로서의 특성을 동시에 가지고 있다. 인간관계나 상황에 따라 누구나 차별의 가해자가 될 수 있고, 또 피해자도 될 수 있다.

차례

본인보다 훨씬 훌륭한 업계 선배이자 인생의 동반자인 손 변호사님, 원고를 쓰기 시작할 무렵 태어난 작은딸 태영이, 그리고 사실 강아지인 큰딸 사월이, 세 가족에게 이 책을 헌사한다. 태영이가 이 책을 읽을 수 있을 때는 '아빠가 이런 걸 뭐 하러 썼나?' 싶을 정도로 정의로운 세상이 되어 있기를 기원한다.

프롤로그

지체된 정의는
정의가 아니다

세계보건기구WHO는 불과 30여 년 전까지 동성애를 정신병으로 분류했다. 그러다 1990년 5월 17일 국제 질병 분류[1]에서 동성애를 제외했다. 전 세계 성 소수자 인권 단체들은 이를 기념하기 위해 5월 17일을 국제 성 소수자 혐오 반대의 날로 지정했다. 지난해 한국 성 소수자 단체 연맹인 '성소수자차별반대 무지개행동'은 5월 17일을 앞두고 서울 지하철역에 성 소수자 응원 광고를 게시하려고 했다. 하지만 서울교통공사는 게시를 미루다 한 달이 지나서야 게시 거부 의사를 밝혔다. 이후 무지개행동이 국가인권위원회에 진정서를 제출하자 공사는 입장을 바꿔 광고 게시를 허가했다.

　　이 광고에는 "국회는 포괄적 차별금지법을 제정하라!", "동성혼을 당장 인정하라!" 같은 구호가 아닌, "성 소수자는 당신의 일상 속에 있습니다"라는 문구가 쓰여 있었다. 그저 성 소수자는 우리 주변에도 존재한다는 내용을 담았을 뿐이다. 그런데 어렵게 설치된 이 광고는 이틀을 채 버티지 못하고 절반 이상이 찢긴 상태로 발견됐다. 최초 발견 이후에도 광고는 여러 차례 더 훼손됐는데, 결국 경찰이 나서 이 광고를 연달아 훼손한 20대 남성을 체포했다. 사방에 감시 카메라가 설치된 지하철역은 범행이 발각되기 쉬운 장소임에도, 이 남자는 무려 여섯 번이나 같은 곳을 찾아가 이 광고를 훼손했다. 후에 그가 밝힌 범행 동기는 간단했다. "성 소수자들이 싫어서."[2]

성 소수자가 싫다는 사람이 이 남자만은 아닐 것이다. 성 소수자에 대한 차별은 일상적이다. 성 소수자의 44.8퍼센트가 취업이나 직장 생활에서 인사 불이익, 따돌림 등을 경험했다.[3] OECD에 따르면 한국의 동성애 수용도는 10점 만점에 2.8점으로, 37개 회원국 가운데 터키, 리투아니아, 라트비아, 에스토니아를 제외하면 가장 낮은 수준이다.[4] 전체 국민 중 자살 충동을 경험한 사람은 6.8퍼센트에 불과하지만, 성 소수자 중 자살 충동을 느낀 사람은 무려 66.8퍼센트로 그 비중이 열 배 가까이 차이 난다. 충동을 넘어 실제로 자살을 시도한 성 소수자는 전체의 25.5퍼센트며, 심지어 그중 절반 이상은 두 차례 넘게 시도한 사람들이다.[5]

하지만 성 소수자 차별은 우리 사회에 존재하는 수많은 차별의 한 단면일 뿐이다. 우리나라 남녀 간 임금 격차는 34.6퍼센트로 OECD 회원국 중 가장 높다.[6] 한국에 거주하는 외국인의 68.4퍼센트는 여전히 인종 차별을 느끼고 있다.[7] 65세 이상 노인 중 무려 48.8퍼센트가 중위소득의 반도 벌지 못하는 빈곤층으로 분류되며,[8] 노인 자살률은 부동의 OECD 1위다.[9] 이런 사례들 외에도 수많은 이들이 학벌, 재산, 직급, 출신 지역 등 본인의 인격이나 개성과는 무관한 사유로 부당한 평가를 받는다고 느끼며 살아가고 있다. 2020년 국가인권위원회가 조사한 결과에 따르면 우리나라 국민 열 명 중 여덟

명은 "우리 사회의 차별이 심각하다"고 생각한다.[10]

하지만 이렇게 모두가 차별의 존재를 인정하는 것과 대조적으로, 정작 차별 문제에 대한 관심은 많지 않다. 대표 여론 조사 기관인 한국갤럽조사연구소는 대통령 직무 수행 평가 조사를 할 때, 개별 응답자에게 긍·부정 평가와 해당 평가의 이유를 함께 묻는다. 그런데 2021년 4월 4주 차 조사에서 응답자들이 답한 40여 가지의 이유 중, 차별과 관련된 것은 한 건도 없었다.[11] 이 정도로 우리 사회는 차별에 무관심하다. 이렇다 보니 차별 문제를 해결하는 가장 기본적인 법적 토대가 될 차별금지법은 여전히 입법 가능성이 작아 보인다. 정치권에서 처음 논의를 시작한 지 20년 가까운 세월이 흘렀는데도 말이다.

차별금지법에 대한 적극성이 부족한 것은 크게 세 가지 오해에 기반한다. 첫 번째는 평등주의가 진보주의자의 전유물로서, 정치적 성향이 다른 사람은 적극적으로 지지할 수 없다는 생각이다. 우리 정치 지형의 특성상 지금까지 평등주의는 정의당을 비롯한 진보 정당에서 주도적으로 다뤄왔지만, 보수주의자라고 해서 무조건 반대할 이유는 없다. 보수주의는 작은 정부를 지향하는 사상이다. 정부의 권한과 역할을 제한하기 위해서 침범할 수 없는 개인의 기본권을 법으로 철저하게 보장하는 것이 보수주의의 핵심 가치다. 법이 차별을 막지 않는다면 공권력이 자의적으로 권리를 유린할 수 있는 계층이 발생한다. 이러한 약한 고리가 사회에 존재하는 것은 보수주의가 가장 경계하는 공권력의 무분별한 확산과 자유의 부재로 이어진다. 이런 측면에서 차별금지법은 모두가 동일한 조건에서 국가로부터의 자유를 누리기 위한 기본 전제로, 보수주의자의 입장에서도 꼭 필요한 법이다.

두 번째는 평등주의가 정치적 올바름Political Correctness이라는 서양의 가치를 무분별하게 수입하면서 생긴, 우리 문화와 맞지 않는 외래종이라는 오해다. 정치 현안으로서 평등에 대한 논의는 서구 사회에서 출발했을지 몰라도, 모두가 동등한 권리를 누려야 한다는 주장은 우리 사회에서도 오랜 역사를 갖고 있다. 17세기 초에 허균은 〈유재론遺才論〉이라는 글을 통해 "이 나라에서 인재를 제대로 쓰지 못할까 두려워해도 더러 나랏일이 제대로 될지 점칠 수 없는데, 도리어 그 길을 스스로 막고서 우리나라에는 인재가 없다고 탄식한다. (중략) 참으로 이웃 나라가 알까 두렵다"라며 신분제의 폐해를 비판했다. 일제 강점기에는 여성 중심의 독립운동 단체인 근우회가 등장해 "여성 해방 없는 민족 해방도 없다"는 주장도 했다.[12] 이어 지금의 헌법을 만든 1948년 제헌 의회에서는 구성원이 모두 남성이었음에도, 부부의 재산권이나 상속과 관련해 여성의 권리를 명시하는 구체적인 조항을 헌법에 넣자는 의견이 강하게 제기된 바 있다.[13] 한 의원은 심지어 "국회 대의원 200명 중 여성 대의원이 하나도 없다는 것은 남존여비 사상의 결과"라며 다양성 부족을 직접 비판하기까지 했다.[14] 1994년 2월, 김대중 대통령은 미국외교협회가 격월간으로 발행하는 잡지인 《포린 어페어스Foreign Affairs》에 〈Is Culture Destiny〉라는 글을 기고했다. 이 글에서 그는 서구의 제도인 민주주의를 동양에 강요해선 안 된다는 싱가포르 리콴유Lee Kuan Yew 수상의 주장에 반박하며, 동양에도 민주주의적 철학과 전통이 있음을 역설했다. 민주주의의 핵심 가치 중 하나인 평등주의 역시 마찬가지다. 문화적 이질감이란 변화에 따른 불편함을 정당화하기 위해 만들어 낸 변명에 지나지 않는다. 문화가 반드시 우리의 운명일 수만은 없다. 평등이 우리의 운명인 것이다.

마지막 세 번째 오해는 차별이란 구세대의 편견으로 인한 문제로, 특별히 노력하지 않아도 시대가 변하면 자연스럽게 해결될 거라는 생각이다. 그래서 차별이 나쁘다고는 이해해도, 해결에는 절박하지 않다. 비교적 차별에서 자유로운, 이성애자 남성으로 한국에서 오래 산 나도 마찬가지였다. 그래서 십여 년 전 변호사가 되기 위해 처음 미국으로 향할 무렵, 그곳은 우리보다 평등주의가 훨씬 먼저 자리 잡아 지금은 어느 정도 차별 문제가 종식된 사회일 것이라고 막연히 생각했다. 하지만 변호사가 되어 마주한 미국 사회의 모습은 예상과 달랐다. 말로 표현할 수 없이 끔찍한 수용소에 갇힌 이민자, 이유 없이 경찰에게 폭행당하는 흑인, 공개적으로 백인 우월주의를 주장하는 도널드 트럼프Donald Trump 전 대통령, 그리고 그 연설에 환호하는 이웃들의 모습. 안이하게도 평등한 미국은 우리가 추구해야 할 목표라고 늘 생각했었다. 하지만 실제 내 눈으로 본 미국의 민낯은 지향점이 아니라 반면교사로 삼을 대상이었다.

차별에 대한 나의 무관심, 생소함, 그리고 근거 없는 낙관이 어떻게 절박함으로 변했는지 공유하고자 한다. 그 과정을 통해 지금까지 차별 문제에 대해 깊이 생각해 본 적이 없는 독자분일지라도 문제 해결의 필요성을 실감할 수 있는 계기가 되길 바란다. 일부 운동가들의 열정적인 활동도 소중하지만, 차별금지법 입법을 위해 꼭 필요한 것은 평등주의의 대중화다. 차별받는 이웃들의 존재가 우리 모두의 문제라는 사실을 인식하고, 평등을 원하는 평범한 사람들이 같은 목소리로 변화를 요구하는 하나의 정치 세력이 될 때, 지금 당장은 실현 가능성이 작아 보이는 차별금지법도 현실이 된다.

미국 흑인 인권운동의 상징적 인물인 마틴 루터 킹Martin Luther King 목사의 명언 중 "Justice delayed is justice denied"라는 말이 있다. 지체된 정의는 정의가 아니라는 뜻이다. 킹 목사가 1963년 앨라배마Alabama주에서 인종 차별에 반대하는 집회를 조직한 혐의로 투옥됐을 때 쓴 편지에 나오는 내용이다. 우리 정치권에서도 이를 자주 인용하는데, 수많은 정치인 중 이 글 몇 단락 밑에 나오는 이야기까지 아는 분은 많지 않은 것 같다.

> "흑인의 자유를 향한 전진의 가장 큰 장애물은 백인 인종주의자가 아니라 백인 온건주의자다. 그들은 정의가 있는 적극적 평화보다는 갈등이 없는 소극적 평화만을 원한다. (중략) 선의를 가진 사람들의 얄팍한 이해는 악의를 가진 사람들의 완전한 몰이해보다 나를 더 지치게 한다. 소극적 찬성은 적극적 반대보다 더 납득하기 어렵다."[15]

킹 목사를 가장 분노하게 만든 것은 흑인을 2등 시민으로 내모는 법을 만들고 심지어 흑인에 대한 테러를 자행하는 백인 인종주의자들이 아니었다. 인종 차별이 잘못됐다는 사실을 알면서도 정작 흑인의 권리를 위해 함께 싸울 의지는 없었던 소극적인 백인들이었다. 인종주의자들의 폭력을 가능케 한 것은 다수인 온건주의자들의 침묵이라는 사실을 킹 목사는 알고 있었기 때문이다. 차별에서 상대적으로 자유로운 사람일수록, 지금 자신에게 소극적인 백인의 모습은 없는지 돌아볼 필요가 있다.

이 책의 집필을 마무리하던 2021년 초, 남성에서 여성으로 성전환 수술을 받았다는 이유로 육군에서 강제 전역당한 전차 조종수 고故 변희수 하사의 안타까운 부고가 들려왔다. 국가인권위원회는 강제 전역 조치가 부당하다며 전역 취소를 권고했지만, 육군은 법적 구속력이 없는 인권위의 권고를 무시했다. 변 하사는 단 하루라도 다시 군복을 입겠다는 일념으로, 육군의 결정을 뒤집기 위해 몇 년이 걸릴지 모를 긴 법정 싸움까지 다짐했다. 만약 인권위의 권고에 강제성을 부여하는 차별금지법이 있었다면, 변 하사의 본인을 위한 싸움은 인권위에서 끝났을 것이고, 그는 다시 전차 조종간을 잡고 조국을 위한 싸움에 복귀했을 것이다. 나와 같이 언론 보도를 통해 변 하사의 사연을 접하고 안타까워했던 사람들이 조금만 더 적극적으로 정치권에 차별금지법 입법을 요구했다면, 그는 지금 이 순간에도 전선에서 우리를 지켜주고 있지 않았을까.

변 하사를 위한 정의는 너무 오래 지체되었고, 그 역시 수많은 차별의 피해자 중 한 사람이 됐다. 우리 주변의 수많은 이웃이 보이는 곳에서, 또 보이지 않는 음지에서 지체된 정의를 기다리며 여전히 차별에 고통받고 있다. 시대는 이제 그들의 문제를 모두의 문제로 바꾸고, 지체된 정의를 오늘의 정의로 바꿀 행동력을 우리에게 요구한다. 경제 발전과 민주화가 각각 우리 조부모님 세대, 부모님 세대의 과업이었듯, 평등은 우리 세대가 거부할 수 없는 지상 목표가 되어야 한다. 1945년까지 나라가 없고, 1987년까지는 민주주의가 없었던 것을 오늘의 우리가 개탄하듯, 2021년 초 차별금지법과 평등이 없었다는 사실에 가슴 칠 날도 반드시 올 것이다. 이 책이 그런 변화를 위한 작은 불씨가 되기를 바란다.

차별은 모두의 문제다

누구든 할 수 있고, 누구든 당할 수 있다

2018년 1월 새벽, 미국 프로 농구NBA 밀워키 벅스의 유망주 스털링 브라운Sterling Brown은 편의점 앞 장애인 지정 주차 구역에 불법 주차를 했다. 브라운의 차를 발견한 경찰관은 편의점에서 나오는 그에게 접근했다. 키가 2미터에 가까운 젊은 흑인 남성인 브라운을 보자, 경찰은 곧바로 경계하기 시작했다. 이야기를 나누던 중 그가 주머니에 손을 넣자, 다섯 명의 경찰관이 달려들어 그를 바닥에 패대기친 후 테이저건(전기충격기)을 발사했다. 브라운은 체포돼 경찰서로 끌려갔으나, 벌금 200달러짜리 불법 주차 외에는 혐의가 없는 것으로 밝혀져 뒤늦게 풀려났다.

브라운은 이름이 많이 알려진 슈퍼스타는 아니지만, 미국인에게는 선망의 대상인 NBA 선수다. 스카우터들이 고등학생인 그의 경기를 보러 일리노이Illinois주로 찾아왔고, 프로 입단과 동시에 백만 불이 넘는 연봉 계약서에 사인했다. 미국 경찰관의 평균 연봉은 6만 7600달러(7485만 원)다.[16] 돈이나 사회적 지위로만 본다면 브라운 쪽이 강자다. 하지만 피부색으로는 아니었다. 그는 흑인이라는 이유만으로 경찰에게 폭행당하는 차별의 피해자가 됐다.[17]

차별은 강자로 여겨지는 사람을 피해자로 만들기도 하지만, 약자로 여겨지는 사람을 가해자로 만들기도 한다. 2020년

1월, 트랜스젠더 학생이 숙명여대 법과대학에 합격했다. 이에 일부 극단적 페미니즘 단체들은 입학 반대 운동을 시작했다. 이 과정에서 쏟아진 증오 발언에 신변의 위협을 느낀 당사자는 결국 입학을 포기했다.[18] 여성은 사회적 약자이다. 하지만 숙명여대 입학 반대 운동을 주도한 학생들은 지금까지 태생적 여성만이 점유해 온 여대라는 공간에 진입하려는 트랜스젠더 학생과 비교해 본인들이 상대적 강자라는 사실을 인지하지 못했다. 그렇게 그들은 가부장적 기득권이 수많은 여성을 억압하듯, 본인들의 기득권을 이용해 트랜스젠더에 대한 편견만으로 한 개인을 평가했고, 결국 한 학생을 교문에 발도 들이지 못하도록 쫓아내는 차별의 가해자가 됐다.

차별은 강자 집단이 약자 집단에 가해하는 현상이라는 이분법적인 시각이 있다. 그래서 많은 사람은 차별이라고 하면 남성이 여성에게, 이성애자가 동성애자에게, 한국인이 다른 인종에게 가해하는 것처럼 틀에 박힌 모습들만을 상상한다. 하지만 우리 사회에는 정해진 강자와 약자만이 있는 것이 아니다. 모든 사람은 사회적 강자로서의 특성과 약자로서의 특성을 동시에 가지고 있다. 인간관계나 상황에 따라 언제든 차별의 가해자가 될 수 있고, 또 피해자도 될 수 있다. 차별에 대한 이분법적인 시각에서 벗어나, 서로 다른 차별이 동시에 얽혀 있고 모든 사람이 강자와 약자, 가해자와 피해자가 될 수 있다는 관점에서 접근하는 것을 '교차성'이라고 한다.

차별 문제를 이분법적인 시각으로 접근할 때 나타나는 가장 큰 문제점은 무관심이다. 무관심은 내 일이 아니라는 생각에서 출발한다. 하지만 통상적인 사회적 약자 집단에 속하지 않았다고 해서 차별받지 않는 것은 아니다. 인격이나 개성과 상관없이, 속한 집단에 대한 편견만으로 사람을 평가하는 모든 행위가 차별이다. 차별이 심한 사회란 단지 여성이나 성소수자를 안 좋게 대우하는 사회만을 뜻하지 않는다. 저마다의 사회적 편견으로 인해 모든 구성원이 부당한 대우를 받고, 사회가 이런 행위에 관대하다는 의미다. 돈이 없거나 학벌이 안 좋다고 무시당하는 것, 직장 상사로부터 부당한 업무 지시를 받는 것 등 누구나 한 번쯤 겪어 봤을 만한 경험들이 모두 차별이다.

물론 모든 사람이 차별을 받을 수 있다고 해서 모든 차별이 같은 것은 아니다. 당연히 약자 집단에 속한 사람이 그렇지 않은 사람보다 더 심하게, 자주 차별받는다. 교차성 강조는 성 소수자에 대한 차별 문제도 중요하지만, 이성애자에 대한 역차별도 똑같이 심각한 문제라고 주장하는 궤변이 아니다. 차별의 경험에 정도의 차이가 있음은 인정하면서도, 차별의 차이가 아닌 공통점에 주목함으로써 공감대를 만들려고 하는 것이다. 차별은 마치 대기 오염과 같다. 오염이 심해지면 가장 먼저 쓰러지는 건 기저 질환이 있는 사람들이겠지만, 계속 방치하면 결국 모두가 호흡할 수 없게 된다. 마찬가지로 당장 내가 받는 차별이 적다고 해서 이에 무관심하거나 계속 방치한다면, 우리 사회 안에서 차별은 한없이 퍼져 나가고 후에 그 피해는 나와 우리 모두에게 되돌아온다.

없애면 모두의 파이가 커진다

차별에 대한 이분법적 시각의 부작용은 무관심뿐만이 아니다. 때로는 특정 집단에 대한 차별 문제를 지적하는 것 자체에 대한 거부감으로 이어지기도 한다. 위에서 설명했듯 모든 사람은 어느 정도 사회적 편견으로 인한 차별 피해를 공유하고 있다. 이런 상황에서 특별히 피해가 심한 특정 약자 집단에 대한 차별이 조명될 때, 그 외 사람들은 그런 문제 제기가 자신을 가해자로 매도하는 일이라고 오해하기도 한다. 나아가 평등주의 자체가 자신의 파이 중 일부를 빼앗아 특정 집단에 주려 하는 제로섬 게임이라고 생각하게 된다.

물론, 실상은 그렇지 않다. 차별은 사회 전체에 피해를 주는 보편적인 현상이고, 모든 차별은 연계되어 있다. 한 집단에 대한 차별을 개선하는 것은 단지 그 집단에 대한 사회의 대우뿐만 아니라, 차별이라는 행위 자체에 대한 인식을 바꾼다. 그 때문에 사회적 약자에 대한 차별이 변한다면 자연스레 모든 사람이 일상 속에서 경험하는 차별의 피해도 줄어들 수밖에 없다. 평등주의는 다수로부터 파이를 빼앗아 소수에게 주는 것이 아니다. 우리 사회의 전반적인 불공정함을 겨누는 창끝에 소수 약자를 위한 운동이 있는 것이다. 여기에 위기감을 느껴야 하는 것은 다수가 아니라, 이전까지 재산, 학력, 종교, 출신 지역 등 편견에 기생하여 자기 몫보다 큰 파이를 가져갔던 소수 특권층뿐이다.

최근 들어 이슈로 떠오른 페미니즘에 대한 남성의 인식이 이런 현상을 잘 보여준다. 2018년 한국여성정책연구원이 20~30대 남녀를 대상으로 한 여론 조사 결과, "성차별 문제에 관심이 있다"는 말에는 남성의 70퍼센트 정도가, "미투 운동을 지지한다"는 말에는 50퍼센트 정도가 동의했다. 여성에 대한 제도적 차별이나 이로 인한 성범죄에 대한 사회의 관대한 인식이 존재한다는 사실에는 남성도 공감한 것이다. 하지만 "우리나라 여성 혐오는 심각하다"는 말에는 30퍼센트 정도가, "나는 페미니스트다"라는 말에는 겨우 10퍼센트만 동의했다.[19] 차별에 대한 문제 인식은 갖고 있지만, 남성의 가해자성을 명시적으로 지목하는 '여성 혐오'라는 말이나, 남성의 권리를 빼앗아 여성에게 주는 것이라고 인식하는 페미니즘에 대해서는 거부 반응을 보이는 것이다.

여성과 비교해 상대적 강자라고는 하나, 한국인 남성

역시 군 복무를 비롯해 가혹한 입시 및 취업 경쟁, OECD 최고 수준의 노동 시간 등 사회로부터 많은 짐을 떠안고 있다. 본인이 가진 파이의 크기도 절대 커 보이지 않는데, '그것은 너무 많으니 떼어서 여성에게 줘야 한다'는 운동을 페미니즘이라고 오해하면 누가 달가워할까. 하지만 페미니즘을 '여성 인권을 시발점으로 사회 전체의 인식을 보편적으로 개선하려는 운동'이라고 생각한다면 갇힌 사고와 시각도 변할 수 있다. 여성이 당하는 많은 차별은 정도의 차이가 있을 뿐 남성이 당하는 차별과 근본적으로 그 원인을 공유한다. "여자는 임신하면 끝"이라며 여직원에 대한 멘토링을 등한시하는 직장 상사와 "남자는 일에만 집중해야 한다"며 육아 휴직 쓰는 남직원에게 불이익을 주는 직장 상사는 동일 인물이다. 페미니즘을 한정된 크기의 파이를 두고 남성과 여성이 싸우는 운동이라고 매도하는 것이 아니라, 차별이라는 공통의 문제를 해결하기 위해 남성과 여성이 함께 싸우는 운동으로 받아들일 수는 없을까.

방치하면 우리의 권리도 없다

차별은 모든 사회 구성원이 시급히 해결해야 할 문제다. 장기간 방치된 차별이 우리 사회 전체에 기본권을 경시하는 풍조를 퍼트리기 때문이다. 단지 사람이라는 이유만으로도 법적으로 보장해야 하는 생명권, 자유권, 행복추구권 등 기본권은 민주주의 사회의 가장 핵심적인 구성 요소다. 우리 헌법 역시 제2장을 통해 국가가 반드시 보장해야만 하는 십여 개의 기본권을 규정한다. 제37조에 의하면 이런 기본권은 오로지 "국가안전보장·질서유지 또는 공공복리를 위하여 필요한 경우"에만 법률로 제한할 수 있으나, 그 경우에도 기본권의 본질은 침해할 수 없다.

차별로 인해 법의 보호를 받지 못하는 약자 집단의 존재는 기본권을 경시하는 사회를 만들고, 모든 구성원의 권리 침해로 이어진다. 사회가 이전까지 하지 않던 방식으로 새롭게 권리를 빼앗는 것은 어렵지만, 이미 특정 집단에 대해 이루어지고 있는 권리 침해에 그 대상만 확대하는 것은 상대적으로 쉽기 때문이다. 이를테면 조선 시대에는 영속이라는 형벌이 존재했는데, 이는 양인을 노비로 만드는 벌이었다. 이미 노비제라는 반인륜적 제도가 존재했기 때문에 노비가 아닌 사람이 영속형을 받는 것이 가능했다. 처음부터 모두의 권리가 똑같이 보장됐다면, 양인이 연좌제 등으로 영속형을 당해 권리를 잃어버릴 걱정을 할 필요가 없었을 것이다.

더군다나 차별로 인한 기본권 침해는 어떤 공공적 정당성도 없이, 오로지 편견과 혐오로 인해 일어나는 일이다. 그런 비합리적 이유로 기본권을 침해할 수 있는 사회에서는 '공공의 이익을 위해 어쩔 수 없다'는 식의 적당한 구실을 덧붙여 기본권을 더욱 쉽게 빼앗을 수 있다. 마하트마 간디Mahatma Ghandi의 명언으로 알려진 "가장 약한 구성원을 어떻게 대하는 가가 사회의 수준을 가늠하는 기준The measure of a civilization is how it treats its weakest members"이란 말도 이런 점을 지적한다.[20] 자유로운 사회를 유지하기 위해서는 약하고 미움받는 집단일수록 그 구성원의 권리가 잘 보장되는지, 침해되고 있는 건 아닌지 철저히 감시해야 한다.

　　외국인 노동자는 우리 사회에서 권리의 사각지대에 있는 대표적인 약자 집단이다. 2004년 도입된 외국인 고용 허가제는 비숙련 외국인 노동자가 우리나라에 한시적으로 거주하며 내국인들이 기피하는 소위 3D(Difficult, Dirty, Dangerous) 업종에서 일할 수 있도록 하는 제도다. 매년 5만 명 이상의 외국인 노동자가 이 제도를 활용해 한국에 들어온다. 하지만 고용 허가제는 철저히 노동력만을 착취하고 사회 구성원으로서의 권리를 보호하지 않는 형태로 만들어졌다. 이 제도를 통해 받을 수 있는 비자의 최대 체류 기간은 4년 10개월이다. 5년 이상 체류하면 영주권 신청이 가능해지는데, 애초에 그럴 여지를 주지 않고자 일부러 기간을 그렇게 맞춘 것이다. 더 큰 문제는 예외적인 경우를 제외하면 최초에 지정된 사업장에서 일하는 동안만 비자가 유효해 이직의 자유도 없다는 점이다.

따라서 고용주가 노동자의 권리를 빼앗더라도 문제를 제기하기가 쉽지 않다.[21] 해고당하면 곧바로 강제 출국을 당하기 때문이다.

이런 차별적인 제도는 극도로 열악한 노동 환경으로 이어졌다. 2020년 12월 주한 태국 대사관의 자료 공개 요구로 지난 5년간 총 522명의 태국 국적 노동자가 한국에서 사망한 사실이 밝혀졌다.[22] 며칠 뒤에는 고용주가 숙소로 제공한 난방조차 제대로 나오지 않는 비닐하우스에서 살던 캄보디아 국적 노동자가 목숨을 잃었다.[23] 고용노동부의 조사 결과, 농어촌에서 일하고 있는 외국인 노동자 중 70퍼센트가 비닐하우스 등 가설 건축물을 숙소로 쓰고 있다는 사실이 밝혀졌다.[24] 오랜 시간 지속되어 온 이런 폐해 때문에 유엔UN 사회권규약위원회에서도 이미 2018년 고용 허가제의 개선을 권고했다. 사업장 변경 제한이 "노동자들이 쉽게 착취당하는 구조를 만들고 강제 노동에 이르게 한다는 보고가 있다"는 이유에서였다.[25]

물론 외국인 노동자에 대한 권리 침해 자체도 잘못된 일이다. 하지만 내국인들이 주목해야 하는 점은 이런 권리 침해의 영향이 외국인 노동자에서 끝나지 않는다는 점이다. 권리를 보호받지 못하는 저임금 노동 계층이 생긴다는 것은 모든 노동자의 권리를 위협한다. 내국인 노동자들도 향상된 노동 조건을 요구할 때 고용주가 외국인 노동자로 대체하겠다고 위협하며 거부할 수 있기 때문이다. 더군다나 노동자의 집단행동 자체를 방해하기 위해 열악한 노동 조건의 책임이 더 싼 임금과 열악한 조건에서 일하는 외국인 노동자에게 있다는 주장을 펼쳐 혐오를 부채질하는 것도 가능해진다. 실제로 미국에서는 트럼프가 이민자 혐오 정서를 성공적으로 부추겨 원래 민주당을 지지하던 친노동 성향의 백인 블루칼라 노동자들을 친기업 성향의 공화당 고정 지지층으로 돌려놓은 사례가 있다. 반노동 친기업 성향이 강한 공화당을 지지하게 되면서, 그들은 더 이상 본인들의 권익을 효과적으로 주장할 수 없게 됐다. 이렇게 소수 약자 집단에 대한 차별은 그 집단 밖의 다수의 권리도 위협하게 된다.

수용자inmate 역시 권리의 사각지대에 놓인 대표적인 약자 집단의 예다. 특히 수용자는 선천적 특성이 아닌 본인의 선택으로 인해 취약한 집단에 속하게 된 사람들이기 때문에, 혐오의 대상이 되기 쉽다. 물론 법을 어겼다면 합당한 처벌을 받아야 한다. 그 처벌 수위를 정하고 집행하는 과정에서도 개인의 기본권은 보장돼야 한다. 하지만 이런 주장은 보통 "반사회적인 범죄를 저지른 사람들의 인권을 사회가 굳이 챙겨야 하냐"라는 반대 여론에 맞닥뜨리게 된다. 여론의 주목을 받는 흉악 범죄 사건이 있을 때마다 인권위에는 범죄자 인권을 보호하지 말라는 식의 항의 전화가 빗발친다. 이 때문에 2008년에는 수용자 인권 개선이 필요한 이유에 대한 해명자료를 발표하기도 했다.[26] 이런 여론을 의식해서인지 정부도 수용자 인권에 관해서는 적극성이 떨어진다. 2018년에는 인권위에서 교정 시설을 방문 조사하고 수용 환경 개선을 위한 15가지 권고 사항을 발표했는데, 법무부는 이 중 여섯 가지를 불수용했다.[27] 2020년 12월 서울 동부구치소에서 코로나19 집단 감염이 발생했는데, 당국의 무관심 속에 확진자 수는 한 달 만에 한 명에서 1000명 이상으로 불어났다. 이들은 죄를 지어 자유를 빼앗긴 범죄자이기 이전에 사람이다. 미국에서 수용자 인권 업무를 하는 변호사들은 이런 점을 고려해 서면에 의식적으로 수용자라는 말 대신 '사람person'이라는 말을 쓴다.

　　아무리 흉악한 범죄를 저지른 사람일지라도 권리를 지켜 줘야 하는 이유는 단지 그들을 위해서만이 아니다. 우리를 위해서다. 사회의 미움을 받는 집단이 기본권의 사각지대에 방치되면 혐오의 감정은 점점 커진다. 혐오는 차별과 학대를 합리화하기 위해 사용하는 일종의 정신적 도구이기 때문이다. 혐오하기 때문에 학대를 당해도 돕지 않게 된다. 학대가 장기간 방치되면 자연스레 더 큰 학대로 이어진다. 더 큰 학대를 다시 정당화하기 위해서 더 큰 혐오가 필요해진다. 이러한 악순환이 이어지다 보면 눈 깜짝할 사이, 사회는 이 집단의 기본권을 무참히 짓밟아 비인간화하는 지경에 이른다. 이러한 비인간화는 처음 미움받은 집단에만 머물지 않고 모든 사람의 권리를 심각하게 위협한다.

자유를 침해하는 자유의 나라

변호사로서 간혹 이민자 사건을 다룰 때가 있다. 해마다 수십만 명의 사람이 남부 국경을 통해 중남미에서 미국으로 넘어온다.[28] 이들 중 대부분은 합법적인 입국 비자를 받지 않은 비인가 이민자다. 미국은 비인가 이민자에 대한 차별이 굉장히 심하다. 물론 어느 국가에나 일정한 규정을 정해 출입국을 통제할 권리가 있다. 하지만 국경을 지킨다는 미명 아래, 그곳을 드나드는 사람에 대한 대우가 비인간적인 학대로 전락해서는 안 된다. 지금 미국이 바로 그런 상태다.

1900년대 중후반까지는 미국도 별다른 단속 없이 비인가 이민자들을 방치했다.[29] 하지만 그 숫자가 급격히 늘어나자 외부인을 향한 혐오의 목소리가 커지고, 반이민 정책은 점점 공격적으로 변해갔다. 국경은 군사 대치지역을 방불케 할만큼 요새화됐고, 1998년과 2018년 사이 미국 관세국 국경보호청의 공식 통계에 집계된 것만 하더라도 약 7000명 이상이 국경을 넘다가 목숨을 잃었다.[30] 이들의 죽음에 미국 사회는 철저히 무관심했다. 오히려 아직도 단속이 느슨하다며 더 강력한 대책을 요구했다.

결국 미국 정부는 여기서 한 단계 더 나아가 이전에는 체포돼도 국경에서 훈방되던 이민자들을 대규모 수용소에 잡아 가두는 정책을 채택한다.[31] 엄밀히 말하면 비인가 이민자 신분이 아니라, 엄연히 국제 조약으로 정해진 합법적인 권리를 주장하는 난민 신청자 또한 예외가 아니었다. 갑작스러운 변화로 수용소를 단기간에 열 배 이상 증설해야 했고, 정부 차원에서 여력이 없어 대부분은 영리 업체에 용역을 주게 되었다. 이들 업체는 최대한 저예산으로 많은 이익을 남기기를 원했고, 그로 인해 수용소 환경은 점점 더 지옥으로 변해갔다. 2019년 미국 일간지 《USA 투데이USA Today》의 탐사 보도에 따르면 2017년부터 2019년 사이 약 5만 명의 이민자가 이러한 시설에 수용됐다. 그 3년간 수용소 안에서 교도관의 수용자 성폭행 사건은 400회 이상, 폭력 사건은 800회 이상, 사망 사건은 29회 발생했다. 반면 이민자 수용소를 운영하는 업체들은 연간 21조 원가량의 돈을 벌어들였다.[32]

내가 의뢰인과 접견하기 위해 방문했던 캘리포니아 사막의 한 수용소 역시 영리 업체가 운영하는 시설이었는데, 2016년 12월부터 2017년 10월 사이에만 여덟 명이 목숨을 끊으려 한 곳이었다.[33] 대기실에서 몇 시간을 기다린 후에야 만날 수 있었던 의뢰인의 모습은 늘 참담했다. 성 소수자라는 이유로 온두라스에서 마을의 폭력 조직에 쫓기다 국경을 넘어

온 그는 체포된 이후 한 달 가까이 세면도구를 받지 못해 양치조차 하지 못했다. 급식에서는 벌레 사체가 나오고, 아파도 의사를 만나지 못해 몸이 심하게 망가진 상태였다. 2000명 가까운 사람이 수용된 이 시설에는 간단한 충치 치료를 위해 2년 이상 기다리다가 이빨이 여러 개 빠진 사람도 있었다.[34] 여러 차례 이곳을 드나들며 본 사람들의 모습은 자유의 나라라는 미국의 별칭을 무색하게 만들기에 충분했다.

이민자 수용소의 끔찍한 현실에 대한 보도가 이어져도 이민자 혐오는 사그라지지 않았다. 오히려 "미국으로 건너오는 멕시코인은 강간범, 살인마"라고 외치던 트럼프가 대통령에 당선되면서 혐오는 정점을 찍었다. 2017년 11월 이후 미국 정부는 가족 단위 이민자에 대해 부모와 아이들을 의도적으로 분리해서 수용하는 정책을 시행한다. 부모와 생이별당한 아이들을 가두기 위해 어린이 집단 수용소가 만들어졌다. 이들을 다시 부모와 연결하기 위한 어떠한 행정적 절차도 없었다. 미국 정부의 자체 통계에 따르면 지난 3년간 이런 식으로 부모와 강제로 떨어트려 가둔 어린이가 총 4000명이 넘는다.[35] 이들 중에는 다섯 살 이하의 영유아도 다수 포함돼 있었다.

이민자 혐오가 극에 달하면서 성인 수용소 교도관들의 가학적 범죄도 급증하기 시작했다. 특히 여성들은 교도관들에게 빈번하게 성폭행을 당했고, 그 사실이 알려지면 수사 당국에 증언을 못 하도록 빠르게 강제 출국당했다.[36] 최근에는 한 이민자 수용소에서 다수의 여성을 상대로 강제 자궁 적출 수술이 이뤄지고 있다는 충격적인 공익 제보가 나와 언론 보도가 잇따르고 있다.[37]

이런 혐오 정책의 영향은 이민자에 국한되지 않았다. 이민자 단속을 위해 초법적 권한과 군 장비 수준의 중무장을 갖추게 된 미국 세관 및 국경보호청CBP은 국경 내 100마일 (160킬로미터)까지 관할권을 갖는다.[38] 이 지역 안에서는 비인가 이민자를 색출하기 위해 미국 시민을 상대로도 불심 검문과 수색, 심지어 체포까지 할 수 있다. 그런데 국경에는 바다까지 포함되므로, 해안에 있는 미국 대도시 대부분이 관할구역으로 들어간다. 그러다 보니 CBP가 이민자를 공격적으로 대하자, 대도시에 사는 중남미 혈통의 미국 국민도 불심 검문의 대상이 되었다. 미국은 특히 형사 기본권 보호가 굉장히 철저해서 일반 경찰의 검문, 수색, 체포에는 굉장히 엄격한 기준이 따른다. 하지만 이민자 통제를 위해 공격적인 정책을 펼치는 CBP에게는 이러한 제약이 상대적으로 적다.

2020년 여름, 미국 전역에서 벌어진 흑인 인권 집회는 CBP의 초법적 권한이 미국 시민의 기본권까지 위협하고 있음을 보여 주는 사례였다. 연방 정부는 수도와 대도시의 시위를 진압하기 위해 CBP와 이민세관단속국ICE 병력을 대거 투입했다.[39] 그리고 이들은 이민자를 상대로 사용하기 위해 학습한 군사 전술, 획득한 장비의 표적을 자국민에게 돌리게 되었다. 진압 병력이 시위대를 구타하고, 차로 들이받고, 고무탄을 쏴 실명하게 하는 등 세계를 놀라게 한 이때의 참상에는 분명 이민자를 상대로 무차별적인 폭력을 행하는 일에 익숙해진 대원들이 그 틈새에 섞여 있는 영향도 있었을 것이다.

이런 미국 사회의 모습은 우리에게 반면교사가 되어야 한다. 성 소수자는 존재 자체가 자연의 이치에 거스르니 권리가 없다는 생각, 범죄자는 죄를 지었으니 교도소 안에서 무슨 짓을 당해도 상관없다는 생각, 난민은 우리 사회에 자기 문화를 퍼트리려 나타난 침략자라는 생각. 아무리 전통적인 가치를 지키려는 노력으로 거짓 포장을 해도 이런 생각은 모두의 기본권을 위협하는 자충수일 뿐이다. 우리가 차별을 경계해야 하는 이유는 단지 약자를 보호하기 위해서가 아니라, 우리가 모두 의지할 수 있는 든든한 권리의 안전망을 만들기 위해서다.

2

차별은 개인이 아닌
사회의 문제다

차별의 악순환

퀴어 퍼레이드에 가 보면 그 옆에서 성 소수자 혐오 시위를 하는 극우 개신교 단체의 모습을 무지개색 깃발만큼이나 흔하게 볼 수 있다. 이들의 팻말과 구호를 보면 늘 빠지지 않는 표현이 하나 있는데, 바로 '동성애 독재'다. 물론 터무니없는 주장이지만 군이 해석하자면, 차별금지법이 입법되면 개신교인을 혐오하는 성 소수자들의 탄압으로 신앙생활을 못 하게 된다는 이야기 같다. 즉, 개신교인들의 성 소수자에 대한 차별만큼이나, 또는 그 이상으로, 성 소수자의 개신교인에 대한 역차별을 우려하는 것이다.

물론 이런 단체들이 주도한 성 소수자 혐오의 역사를 생각하면 성 소수자가 개신교인을 부정적으로 생각하는 것도 무리는 아니다. 이런 생각이 교인에 대한 혐오나 차별적인 행동으로 이어질 수도 있다. 하지만 아무리 성 소수자가 개신교인을 혐오한다고 해도 우리 사회에서는 동성애 독재가 일어날 수 없다. 독재 권력은커녕, 법으로부터 기본권조차 보호받지 못하는 성 소수자가 개신교인을 탄압하는 것이 구조적으로 불가능하기 때문이다. 반대로 성 소수자에 대한 개신교인의 혐오는 우리 사회의 제도가 뒷받침하고 있다. 성 소수자 혐오를 외치는 대형 교회 목사들은 정치인이나 기업인 등 고위층이 포함된 수백, 수천 명의 신도를 이끌며, 그를 바탕으로 사회에 막강한 영향력을 행사한다. 그들이 마음을 먹으면 권력이 움직이고 법이 변한다. 양쪽이 서로에게 똑같은 혐오의 감정을 품어도, 그 무게감에 한없이 큰 차이가 있는 셈이다.

퀴어 퍼레이드 옆에 서서 "동성애자는 지옥에 떨어진다"는 팻말을 들고 욕설을 섞어가며 고함치는 사람의 모습이 차별의 전부가 아니다. 이런 사람들의 '개인적 차별'이 법, 관습, 권력 구조 등 사회 제도와 결이 맞지 않아 정말 한 개인의 차별만으로 남을 때, 그 피해는 단발성에 그치고 파급 효과 또한 제한적이다. 하지만 개인적 차별이 차별적인 제도와 결합해 제도적 차별이 되었을 때는, 개인적 차별이 그 제도에 의해 합리화되고, 제도의 선언적 효과는 다음 세대에게로 차별적 인식을 재생산한다. 정말 위험한 차별은 사람이 아니라 사회가 한다. 사회 제도가 먼저 변하지 않는다면, 개인적인 차별 역시 아무리 시간이 지나도 사라지지 않는다.

차별은 제도에 기반한 것이기 때문에 오늘의 차별적인 개인들이 모두 죽거나 계몽된다고 해서 자연스럽게 해결되는 문제가 아니다. 다음 세대 역시 차별에 잠식되고, 개인적 차별과 제도적 차별이 맞물려 시간이 갈수록 공고해지는 악순환이 벌어지기 때문이다.

성범죄에 대한 처벌 관행이 우리 사회의 대표적인 제도

적 차별 사례다. 우리나라의 성범죄 형량은 굉장히 관대한 편이다. 성범죄라는 개념 자체가 차별적인 전제에 기원하고 있기 때문이다. 봉건시대에는 여성이 독립적인 인격체로 대우받지 못했기 때문에, 성범죄 역시 폭력 범죄가 아닌 여성의 '소유주'인 아버지나 남편에 대한 재산 범죄로 간주해 상대적으로 가볍게 처벌됐다. 시간이 흘러 나아졌다고는 하나 우리 사회에는 여전히 남존여비 사상이 남아 있다. 주로 남자가 가해자, 여자가 피해자가 되는 성범죄가 굉장히 심각한 폭력 범죄임에도 불구하고 재산 범죄와 폭력 범죄의 중간 정도 되는 가벼운 취급을 받게 된 이유다.

　　법으로는 성범죄에 대해 비교적 높은 형량의 선고가 가능해도, 실제 성범죄와 기소율과 유죄 판결률은 매우 낮다. 유죄가 된 경우에도 놀랍도록 관대한 양형을 하는 것이 제도적으로 굳어졌다. 2010년대 초중반을 기준으로 신고된 성폭력 범죄 중 재판에 넘겨지는 경우는 약 40퍼센트뿐이고, 유죄 판결이 난 경우에도 실형이 선고되는 경우는 절반이 되지 않는다. 당시 술에 취했거나 반성하고 있다는 이유 등으로 판사가 재량을 발휘해 기준보다 낮은 형량을 선고한 사례도 14퍼센트에 달한다.[40] 수천 명의 유료 이용자에게 200만 건에 달하는 아동 성 착취물을 배포하다가 다국적 사법기관의 공조로 적발된 세계 최대규모의 아동 성 착취물 사이트 '웰컴 투 비디오'를 운영한 손정우가 대표적인 예다. 미국 등 해외에서는 단순 사이트 이용자들도 5년 형 이상을 받았음에도 불구하고, 손 씨는 어린 나이, 초범, 반성, 부양가족 등 갖가지 감경 사유를 이유로 징역 18개월을 선고받고 출소했다.[41]

여성에 대한 차별이 관습적으로 성범죄를 경시하는 형사 사법 체계를 만들고, 이로 인해 끔찍한 성범죄를 저지른 사람들도 비교적 짧은 형기를 채우고 사회에 복귀한다. 이런 모습을 보고 사람들은 성범죄는 큰 죄가 아니라는 인식을 확고히 한다. 아무리 학교에서 남녀가 평등하고 여성의 성적 자기 결정권을 존중해야 한다고 가르쳐도, 손정우 같은 인물이 출소해 자유의 몸으로 살아가는 모습은 자연스럽게 다음 세대에도 여성을 차별하고 성범죄를 경시하는 풍조를 전달한다. 그런 편견을 지닌 젊은 세대가 시간이 흘러 검사가 되고 판사가 되어 차별적인 제도를 확고하게 한다. 이런 악순환으로 인해 수십 년간 성범죄는 제대로 처벌되지 않았고, 여성의 안전은 차별의 희생양이 되었다.

불행히도 이런 차별을 지탱하는 제도적 요인이 형사 사법 체계만은 아니다. 2018년부터 2020년 사이, 우리나라에서는 안희정 전 충남도지사, 오거돈 전 부산시장, 박원순 전 서울시장 세 정치인의 성폭력 사건이 이어졌다. 누구라도 이름만 들으면 아는 유명 정치인들의 연쇄 성범죄는 피해자에게는 비극이었지만, 사회가 잘못된 제도를 바로잡을 기회이기도 했다. 영향력 있는 정치인이었던 이들에 대해 동료들이 일관된 비판의 목소리를 내고, 범죄를 지원 또는 방조한 사람은 모두 다시는 정치권에 발을 붙이지 못하게 되었다면, 인식은 크게 변했을 것이다.

그러나 현실은 정반대로 흘러갔다. 안희정 본인은 유죄 판결을 받았지만, 그의 범죄를 방조하고 피해자에 악성 댓글을 달고 2차 가해까지 한 보좌관은 다른 민주당 의원이 곧장 채용해 국회로 갔고,[42] 재판에서 안희정에게 유리한 증언을 한 또 다른 보좌관은 유력 대선 후보의 선거 캠프에 들어갔다.[43] 안희정이 모친상을 당하자 대통령과 국회의장, 여당 당 대표가 조화를 보내고 정치인들이 보란 듯 줄을 이어 조문하는 모습이 언론에 대대적으로 나왔다.[44] 마치 감옥은 갔어도 권력은 아직 안희정의 편이라는 걸 피해자에게 과시하려는 듯한 모습이었다.

박원순 사건 때는 아예 정부 여당이 앞장서 처음부터 없었던 일로 하려는 듯 강압적인 추모 분위기를 조성하는 모습을 보였다. 당 대표는 성추행 혐의에 대한 당의 입장을 묻는 기자에게 소리를 버럭 지르고 욕설을 쏟아부었다.[45] 코로나19 확산에도 불구하고 서울시는 시청 앞에 시민 분향소를 설치했고, 만 명이 넘는 사람이 다녀갔다.[46] 세 사건이 연달아 일어난

후에도 권력형 성범죄 근절을 위한 제도적 변화는 제대로 논의되지 않았다.

안희정은 유죄 판결 후 실형을 살고 있고, 오거돈은 성추행 사실을 인정했다. 박원순 역시 본인의 극단적 선택으로 인해 사법부의 판단은 알 수 없게 되었지만, 국가인권위원회는 직권 조사를 통해 성희롱 사실을 확인했다. 하지만 주변을 둘러보면 아직도 이들이 별다른 죄를 짓지 않았는데 피해 여성에게 "미투당했다"는 의견이 적지 않게 보인다. 어찌 보면 당연한 결과다. 성범죄 가해자에 대한 영향력 있는 정치인들의 비호는 여성을 위한 정의보다는 가해자인 남성의 명예가 더 중요하다는 메시지를 사회에 보낸다. 그로 인해 남성의 인격이 여성의 것보다 우위에 있다는 차별적인 인식이 다음 세대에게로 재생산된다. 모든 세대 중 여성 혐오와 반페미니즘적 성향이 성차별이 훨씬 심했던 시대에서 자란 기성세대가 아닌, 상대적으로 편견이 덜 해야 할 20대 젊은 남성에서 가장 강하게 나타난다는 충격적인 연구 결과도 이런 사회적 메시지와 무관하지 않다.[47]

색안경을 낀 사법 권력

개인적 차별이 제도적 차별과 맞물린 상태로 방치돼 여러 세대에 걸쳐 재생산될 경우, 얼마나 심각해질 수 있는지 보여 주는 예가 미국 형사 사법 체계의 제도적 인종 차별이다. 노예 해방 이후에도 미국에는 흑인에 대한 개인적 차별이 사라지지 않았다. 그 결과 실제 범죄율과는 상관없이, 또는 실제 범죄율이 요구하는 것보다 훨씬 더 높은 수준으로 흑인이 주로 사는 지역에 경찰력이 집중적으로 투입됐다. 경찰이 흑인 지역 위주로 돌아다니고 흑인들을 볼 때 색안경을 끼고 보니 자연스레 체포되는 흑인, 법원에서 재판받는 흑인, 감옥에 가는 흑인의 수가 늘어났다. 그 모습을 보며 '흑인은 우범 집단'이라는 편견이 더욱 공고해진다. 그 결과 흑인 지역에는 경찰력이 더 투입되고, 흑인 용의자에 대한 검사 기소율은 높아졌으며, 흑인 피고인에 대한 판사의 선고는 더 가혹해졌다.

그렇게 더 많은 흑인은 더 오랫동안 감옥에서 살게 된다. 그들이 일상에서 제거당하면서 흑인들이 모여 사는 지역에서는 가정이 붕괴하고, 사회가 불안정해지며, 소득 수준도 떨어진다. 그러면서 저소득과 범죄의 상관관계로 인해 자연스레 범죄율이 더 올라간다. 계속해서 올라가는 흑인 범죄율을 보고 더욱 차별적인 제도는 여전히 계속해서 만들어진다. 그렇게 수십 년간 계속된 악순환의 결과, 미국 전체 인구 중 흑인은 13퍼센트밖에 되지 않지만, 교정 시설 수감자의 40퍼센트가 흑인이다.[48]

모든 흑인을 잠재적 범죄자로 보는 경찰의 폭력으로 빚

어지는 비극도 지속해서 일어난다. 미국에서는 1년에 1000명 정도가 경찰의 손에 죽는데, 이중 26퍼센트가 흑인이다.[49] 2020년 여름, 조지 플로이드George Floyd의 죽음은 미국 사회의 분노에 불을 지폈다. 플로이드는 가게에서 20달러짜리 위폐로 계산을 하려 했다는 혐의로 체포되던 중, 완전히 제압된 후에도 경찰관이 무려 8분 46초 동안 무릎으로 목을 찍어눌렀다. "숨이 안 쉬어진다I can't breathe"는 여러 번의 호소에도 불구하고 경찰관은 무릎을 떼지 않았고, 플로이드는 그 자리에서 질식사했다.

나는 업무를 통해 흑인에 대한 제도적 차별을 간접적으로나마 경험했다. 로스쿨 졸업 후 처음 취직한 법무법인에서 근무할 당시, 극심한 인종 차별로 유명한 미시시피Mississippi주 어느 경찰서를 상대로 한 지역 주민들의 집단 소송에서 무료 변론을 맡게 됐다. 미국에서 가장 큰 규모의 공익법 시민단체인 미국민권연합(ACLU · American Civil Liberties Union)과 함께했다. 미시시피 경찰이 흑인 밀집 지역을 다루는 방식은 자국민의 치안을 보호하는 경찰이 아니라 마치 식민지를 통치하는 점령군과 같았다. 도시 한복판을 사복 경찰이 끊임없이 돌아다니고, 아파트 단지 출입구에는 경찰차가 바리케이드를 쳐 검문을 받지 않으면 집 밖으로 못 나가게 했다.

의뢰인 중 한 명은 길을 걷다가 이유 없이 사복 경찰에게 수색당했고, 주머니에서 현금이 나왔다는 이유로 마약 사범으로 몰렸다. 또 다른 의뢰인은 좋은 차를 몰고 다닌다는 이유로 음주 단속 중이던 경찰이 시비를 걸었고, 결국 수갑까지 채워졌다. 다리를 심하게 다쳐 거동이 불편했던 또 다른 의뢰인 집에는 주변에서 용의자를 쫓던 경찰이 영장도 없이 들이닥쳤다. 그런 사람은 못 봤다고 하자 경찰은 거짓말을 한다며 목을 졸랐고, 속옷만 입힌 채로 집 밖으로 끌고 나와 순찰차에 태운 후 진압봉으로 구타했다.

경찰은 미국 지방자치의 꽃이다. 그래서 각 주와 도시, 작은 마을까지 사실상 중앙 정부의 통제를 받지 않는 경찰 조직이 있다. 모든 경찰이 일괄적으로 수료해야 하는 교육도, 모든 경찰서에 공통으로 적용되는 규정도 존재하지 않는다. 한 지역의 경찰에서 대형 사고를 쳐도 인사 자료 공유가 안 되니 상관만 쉬쉬해주면 경력을 세탁하고 다른 곳으로 옮겨 별 무리 없이 다시 취직할 수 있다. 결국 한 경찰 조직의 사람을 바꾸고 규칙을 바꾼다고 해도, 제도적 차별을 전체적으로 해결하기는 쉽지 않다. 미시시피에서 봤던 것과 같은 끔찍한 사례는 지금도 미국 전역에서 반복되고 있다. 경찰만의 문제도 아니다. 다수가 선거로 선출되는 미국의 판사와 검사장, 경찰청장들은 설사 본인은 인종 차별에 대해 전향적인 태도일지라도 유권자의 성토가 두려워 적극적으로 문제를 제기할 수 없게 됐다. 지금도 수많은 운동가가 형사 사법 체계 각 분야의 인종 차별을 개혁하고자 노력하고 있다. 하지만 공고하게 제도화된 차별을 무너트리기 위해서는 앞으로도 최소 수십 년간 인내의 시간이 필요할 것이다.

당시 그 법무법인에서 나와 수년이 흐른 최근, 내가 담당했던 미시시피주 경찰서에 대한 소송 역시 사실상 패소에 가까운 형태로 종결됐다는 소식을 들었다. 미국 전역에 무려 1만 7985개나 존재하는 독립 경찰 조직 중 단 한 곳을 바꾸는 일조차 그렇게 힘든 일이다.

마지막 골든 타임

미국 형사 사법 체계의 부조리는 수백 년 이상 이어진 제도적 차별의 역사에 기반한다. 최초의 아프리카 출신 미국인은 17세기 중후반 노예 무역상에 납치돼 대서양을 건너온 사람들이었다. 노예제라는 끔찍한 제도가 이들을 200년간 인간 이하의 존재로 묶어두며 극심한 차별을 합리화했고, 그렇게 흑인의 인간성을 부정하게 된 미국인들은 나라를 둘로 가르고 내전을 벌이면서까지 노예제를 유지하려 했다. 남북전쟁이 종료되고 노예가 해방된 후, 미국은 모든 시민이 법 앞에 평등하다는 내용의 수정 제14조를 헌법에 추가했다.[50] 하지만 이 헌법 조항을 구체화하기 위해 제정된 법 조항이 이후 연방대법원에서 위헌 판결을 받으면서 사실상 유명무실해졌다. 그러자 노예제를 지키기 위해 싸웠던 남부 주들에서는 흑인의 참정권을 제한하고, 공공 시설과 학교 등을 인종에 따라 분리하는 '짐크로법Jim Crow Laws' 이 만들어졌다. 남부의 짐크로법은 이후 100년간 연방 정부의 개입 없이 방치된다.

우리나라 역시 성차별이나 성 소수자 차별 등 특정한 분야에서는 미국 못지않게 심각한 제도적 차별이 존재한다. 하지만 다행히 미국과 다른 점은 그 차별을 지탱하는 제도들 이 아직 역사가 짧고 견고하지 않다는 점이다. 대한민국은 아 직 70년 역사의 젊은 공화국이고, 따라서 같은 체제가 300년 가까이 이어지고 있는 미국에 비해 변하기 쉬운 환경이다.

실제로 우리가 가진 변화의 잠재력은 대단하다. 성 소수 자 차별은 여전히 심각한 문제지만, 인식이 바뀌고 있는 속도 가 느리다고만은 할 수 없다. 20년 전 홍석천 씨가 유명인 중 사 실상 처음으로 커밍아웃을 했을 때, 곧바로 모든 방송에서 하 차하고 사실상 연예 활동을 중단해야 할 만큼 우리 사회는 성 소수자에 적대적이었다. 아직 갈 길은 멀지만, 당시를 기준으 로 서울 한복판에서 퀴어 퍼레이드가 성대하게 열리고, 중·고 등학교에 지도 교사가 공식적으로 감독하는 성 소수자 동아리 가 존재하는 지금의 현실은 상상조차 하기 어려운 일이었다. 더불어 연방제와 각 주의 복잡한 이해관계 탓에 일괄적인 제도의 변화가 어려운 미국과 달리, 여론만 모인다면 일사천리로 입법이 진행되기도 하는 것이 우리 정치의 특징이다.

이 변화의 잠재력을 깨우기 위한 열쇠가 바로 차별금지법이다. 제도적 차별이 악순환의 형태로 재생산되는 것은 차별적인 사회 제도가 개인적 차별을 지속해서 합리화하기 때문이다. 따라서 그 고리를 끊을 방법은 반대로 "차별은 잘못되었다"라는 선언적 효과를 지닌 제도를 만드는 것뿐이다. 개인적 차별이 이에 부합하는 제도로 인해 더 강해지듯, 반대로 그 차별은 잘못되었다고 명시하는 제도만이 인식을 긍정적으로 바꾼다. 이런 측면에서 포괄적 차별금지법은 특히 의미가 크다. 대상과 상관없이 모든 차별이 잘못되었다고 명시하는 법이 존재한다는 사실 자체가 특정 집단에 대한 차별에 국한되지 않고 우리 사회에 존재하는 모든 차별의 제도화에 제동을 걸 수 있기 때문이다.

수십 년간 계속된 정치 공방 끝에 짐크로법을 무효화하는 '미국판 차별금지법'인 민권법Civil Rights Act이 1964년 7월 만들어졌다. 이로부터 약 1년 전, 1963년 6월 여론조사에 따르면 불과 100년 전 노예제를 유지하기 위해 전쟁까지 치른 남부 주들에서는 민권법 제정에 대한 찬성 의견이 12퍼센트였고, 1964년 2월 여론조사에서도 20퍼센트에 그쳤다. 하지만 남부 출신인 린든 존슨Lyndon B Johnson 당시 대통령의 전폭적인 지원 아래 법안이 만들어지고 하원을 통과해 입법까지 눈앞에 두자 남부의 여론은 뒤집혔다. 1964년 4월 여론조사에서는 무려 67퍼센트가 존슨 대통령의 민권법 추진에 찬성한다고 응답했다.[51] 연방 정부가 입법을 통해 '공권력을 동원해서라도 짐크로 시대를 끝내겠다'는 강력한 의지를 보여 주자, 제도가 더는 흑인에 대한 혐오를 뒷받침하지 않는다는 것을 느낀 남부 주민들의 인식이 빠르게 변한 것이다.

물론 형사 사법 체계의 사례에서 볼 수 있듯, 민권법 입법이 흑인에 대한 모든 제도적 차별의 고리를 완벽히 끊어 내지는 못했다. 우리나라 역시 차별금지법이 입법된다고 하더라도 곧바로 눈앞의 모든 혐오가 사라지지는 않을 것이다. 하지만 중요한 것은 제도의 결을 바꿈으로써 시간이 지날수록 인식의 흐름이 차별에서 평등으로 전환되도록 한다는 점이다. 차별금지법이 설사 퀴어 퍼레이드 옆의 혐오 집회를 명시적으로 금지하지 않는다고 하더라도, 미국 남부의 차별주의자들이 그랬듯 우리 사회의 혐오주의자들 역시 더는 법과 제도가 자기편이 아니라는 생각에 조금씩 힘이 빠지고, 숫자가 줄어들기 시작할 것이다. 그렇게 방향이 바로 잡힌 상황에서 오랜 시간이 흐르면 평등한 사회가 만들어질 수 있다.

민권법을 위한 투쟁이 한창이던 1960년, 마틴 루터 킹 목사는 "역사의 궤적은 길지만 결국은 정의를 향한다"라는 말을 했다.[52] 미국 최초의 흑인 대통령 버락 오바마Barack Obama 도 이 말을 무척 좋아한 나머지 백악관 집무실 바닥에 새겨 넣기도 했다.[53] 하지만 킹 목사의 말은 아무 노력을 하지 않아 도 결국 평등주의가 승리한다는 것이 아니다. 오랜 시간이 흘러 역사의 궤적이 결국 정의를 향하는 것은 평등주의를 지지하는 대중이 적극적으로 의사를 표현하면서 방향을 돌리기 때문이다. 우리는 지금 제도적 차별이 돌이킬 수 없이 공고해지기 전에 역사의 궤적을 돌릴 마지막 '골든 타임'을 살아가고 있는 것일지도 모른다.

차별은 정치의 문제다

차별금지법 앞에 서면 작아지는 그들

차별금지법 입법을 비롯한 평등주의를 위한 노력은 지금까지 정치권이 주장하는 '사회적 합의'라는 거대한 벽에 막혀 번번이 좌절됐다. 사회적 합의론은 변명이자 허구일 뿐이다. 이미 국민 대부분이 차별금지법 입법에 찬성하고 있으며, 개신교계를 중심으로 한 소수의 적극적 반대파만 있을 뿐이다. 문제의 본질은 사회적 합의 부족이 아니라 소수 반대파와 정치권의 유착이다. 문제를 해결하기 위해서는 지금까지 소수의 문제에 머물러 왔던 평등 의제를 모두의 문제로 끌어올려야 한다. 활동가들의 열정적인 노력에 대중의 관심이 더해진다면 변화는 분명 생각보다 빠르게 온다.

20세기 중반 미국의 흑인 평등 운동을 상징하는 장면이 있다. 1960년 11월 14일, 이전까지는 백인들만 다닐 수 있었던 초등학교에서 최초의 흑인 학생이 된 여섯 살 소녀 루비 브리지스Ruby Bridges가 당시 아이젠하워Dwight D. Eisenhower 대통령이 직접 파견한 연방 경찰들의 경호를 받으며 등교하는 모습이다.[54] 3년 후 앨라배마주립대학교University of Alabama에서는 이 장면이 더 극적으로 재현됐다. 법원 명령으로 흑인 학생의 입학이 허용되자 당시 주지사는 문턱에 드러누워서라도 저지하겠다며 학교 건물 앞에서 농성을 시작했는데, 그러자 케네디John F. Kennedy 전 대통령이 군 병력을 파견하고, 법무부 차관을 직접 앨라배마로 보내 제안하도록 한 것이다. 바로 그날 밤, 기선을 잡은 케네디는 전국으로 생중계되는 대국민 연설을 통해 민권법 입법의 필요성을 설득했다.[55] 케네디, 그리고 그가 암살된 후 유지를 이어받은 존슨, 이 두 대통령을 비롯한 수많은 지도자가 정치 인생까지 걸고 추진하지 않았다면 미국 민권법이 남부 지역의 격렬한 저항을 뚫고 입법되는 일은 결코 없었을 것이다.

당시 미국 정치인들이 보여준 적극적인 모습과는 상반되게, 우리 정치권은 평등 문제에 유난히 소극적이다. 미국의 민권법과 같은 역할을 해야 할 포괄적 차별금지법의 역사를 보면, 단순히 소극적일 뿐 아니라, 시간이 갈수록 논리도 궁색해지고 있다는 사실을 알 수 있다.

2013년, 민주당 김한길 의원은 동료 의원들과 함께 차별금지법을 대표 발의했다. 시작은 의욕적이었지만 초심은 오래가지 못했다. 개신교 단체가 거세게 반발하자 겨우 두 달 만에 법안을 자진 철회했다.[56] 당시 한 관계자는 "전열을 가다듬고 차별금지법을 재발의하겠다"며 2보 전진을 위한 1보 후퇴라고 표현했지만,[57] 이때 시작한 후퇴는 오늘까지 계속되고 있다. 정의당 심상정 의원은 차별금지법에 대해 점점 소극적으로 변해 온 민주당의 입장을 이렇게 표현했다. "민주당이 앞줄에 있었고 제가 뒷줄에 서 있었다. (중략) 다 뒤로 가 버리고 제가 제자리에 있었는데도 선두가 돼 버렸다."[58]

2013년 차별금지법을 둘러싼 찬반 격론 속에서 반대 측인 보수 언론과 개신교 단체들이 차별금지법과 관련해 '사회적 합의'가 필요하다는 표현을 쓰기 시작한다.[59] 이후 문재인 정권이 들어서고 민주당이 차별금지법에 대해 소극적으로 변하면서 반대 측이 제기한 하나의 논거일 뿐이었던 사회적 합의론은 차별금지법에 대한 정부 여당의 공식 입장이자 정치권 전체의 소극적 태도를 상징하는 표현이 됐다. 2017년 대선 당시 문재인 후보는 한국기독교총연합회 목사들을 직접 방문해 차별금지법 반대 뜻을 밝히고, "큰 논란이 일면서 사회적 합의가 어려워진 만큼 국민들의 합의를 끌어내기 위해 시간이 좀 더 필요하다"고 언론에 설명한다.[60] 이후 대선 TV 토론에서 "동성애를 좋아하지 않는다"고 표현해 논란이 되자, 차별은 반대하지만 차별금지법 입법은 사회적 합의를 기다려야 한다는 의견을 거듭 표명한다.[61]

사회적 합의론에는 정치인의 역할을 국민이 원하는 정책만 법으로 만드는, 수동적인 것으로 제한한다는 근본적인 모순이 있다. 정치인이 국민의 의견을 대변할 의무가 있는 것은 맞다. 하지만 때로는 관심이 부족하거나 반대가 있어도 소신 있게, 능동적으로 추진해 결과로 평가받아야 할 역할도 있다. 일반 국민이 수많은 현안에 관한 정보를 취득하고 관심을 두는 데는 한계가 있다. 때로는 본인이 믿는 정치인의 비전을 따라갈 수밖에 없다. 정치인은 여론 조사 결과를 보고 덧셈 뺄셈만 해서 입장을 정하는 기계가 되어서는 안 된다.

특히나 차별 문제는 앞서 설명했듯 일부 사회적 약자만의 문제라는 인식이 넓게 퍼져있기 때문에, 심각한 정도에 비해 대중의 관심사가 되지 못하고 있다. 그럴수록 정치인은 차별의 실상과 그 피해 사례를 적극적으로 소개하고 이를 해결하기 위한 공감대를 형성하는 오피니언 리더의 역할을 할 필요가 있다. 정치권에서 흔히 관심을 두는 부동산 문제나 남북문제 등에서 국민을 설득하기 위해 쏟아붓는 시간의 반의 반 정도만 투자했어도 차별금지법 입법은 이미 끝났을지도 모른다. 사회적 합의는 기다리는 것이 아니라, 소신과 책임 있는 정치인들이 리스크를 감수하고서라도 만들어 나가는 것이다.

사회적 합의는 끝났다

이런 모순에도 불구하고 정치권이 사회적 합의론을 고수하는 것은 현실을 가리기 위해서다. 차별금지법 입법에 대한 논의가 지지부진한 이유는 국민의 반대 여론이 강해서가 아니다. 오히려 찬성 측이 압도적이다. 2013년에 이미 59.8 퍼센트가 찬성하고 있었다.[62] 2020년에는 찬성이 무려 88.5퍼센트다.[63]

산술적으로만 보면 사회적 합의는 이미 끝났다.

실제로 차별금지법이 멈춰 선 것은 조직화된 일부 개신교 단체가 정치권과의 밀접한 관계를 이용해 비토권을 행사하고 있기 때문이다. 미국의 경제학자 조지 스티글러George Stigler는 이런 현상을 규제 포획regulatory capture이라는 개념으로 설명했다. 어느 정책이든 그 정책에 강한 관심을 가진 소수와 약한 관심, 또는 무관심에 머무는 다수가 있다. 관심이 강한 소수 집단은 정책에 영향을 미치기 위해 더 적극적으로 결정권자와의 관계를 만들고, 로비 활동을 한다. 이로 인해 소수의 영향력이 과도하게 대표되고, 그 결과 다수에게 불리하고 소수에게만 유리한 정책이 만들어진다.[64]

차별금지법 역시 소수의 반대 때문에 다수가 원하는 정책이 못 만들어지고 있는 경우다. 차별금지법을 원하는 사람은 많지만, 관심의 절대량은 부족하다. 반면 반대하는 개신교 단체는 상대적으로 수는 적지만, 무슨 일이 있어도 입법을 막고자 하는 의지가 강하다. 그래서 입법을 막기 위해 더 적극적으로 활동한다. 차별금지법이 논의될 때마다 국회의원 사무실에 전화하고 국회 정문 앞에서 대규모 농성을 하는 건 다수인 찬성 측이 아니라, 오히려 소수인 반대 측이다. 2013년 차별금지법안이 철회되었을 당시, 한 민주당 관계자는 입법 실패 원인을 이렇게 분석했다. "반대하는 소수는 조직적으로 대응했지만, 이 법의 대의에 동의하는 다수는 조직화하지 않은 상황이었다."[65]

규제 포획을 가능하게 하는 것은 개신교계와 정치권 사이의 두터운 인적 네트워크다. 21대 국회 당선자 300명 중 41퍼센트가 개신교인이다.[66] 전체 인구 중 개신교인 비율인 28퍼센트보다 현격히 높다. 화이트칼라 직종의 고소득층 가운데 개신교인이 많고, 국회의원 대부분이 그런 배경을 가지고 있다 보니 나타나는 과다 대표 현상이다. 개신교 단체는 보수 성향이라는 인식이 있지만, 정치권에서의 영향력은 여야를 가리지 않는다. 아무리 여야 간의 대립이 격해진다고 하더라도 국회 조찬 기도회에는 늘 정당과 관계없이 의원들이 대거 참석한다.[67]

개신교 신자 정치인이라고 해서 무조건 개신교계의 의견만 대변한다는 것은 아니다. 하지만 개신교계의 지도자들이 예배나 조찬 기도회를 통해 계속해서 신자 정치인들과 얼굴을 맞대고, 의견을 직접 전달할 기회가 있는 것만 해도 이미 상당한 특권이다. 더군다나 대형 교회에 출석하는 정치인이라면 교회 의견에 어느 정도 귀를 기울일 수밖에 없다. 인맥은 정치인으로서 매우 소중한 자원이고, 이들은 인맥의 많은 부분을 교회에 의존하고 있는 경우가 많기 때문이다. 본인의 신념이 어떻든 함부로 교회 입장에 어긋나는 의견을 개진했다가는 인맥이 흔들릴지도 모른다. 악의가 없을지라도 영향을 받을 수밖에 없다.

개신교계와 연결점 역할을 하는 신자 정치인을 통해 개신교 단체는 다른 정치인들에 대해서도 폭넓은 접근권을 가진다. 코로나19 확산 중 광복절 집회로 대형 교회들이 전 국민의 공분을 사던 직후에도, 개신교 단체 지도자들은 여권 정치인들로부터 질타를 받으면서도 청와대로 초청받아 대통령과의 간담회 자리를 가질 수 있었다. 그리고 그곳에서 차별금지법에 대해 "교회의 우려를 알고 있다. 걱정하지 말라"라는 덕담까지 듣고 갔다.[68] 대통령 주변에 개신교 단체의 역할을 직간접적으로 대변하는 수많은 신자 정치인들이 있기에 가능한 일이다. 차별금지법에 찬성하는 활동가 단체들은 거대 양당의 이름 있는 정치인과 면담 한번 하기도 어렵다는 것과 비교하면, 개신교 단체의 인적 네트워크를 통한 접근권은 너무나도 막강한 권력이다.

물론 종교의 자유 역시 헌법에 보장된 권리다. 하지만 민주주의 사회에서 최종적으로 정책의 향방을 결정하는 것은 적법한 절차를 통한 공론화지, 밀실에서 영향력을 행사하는 소수가 되어서는 안 된다. 과거 친기업적인 정책을 양산한 재벌의 정경 유착만큼이나, 개신교계가 정치권에 대한 영향력을 악용하여 대다수 국민이 원하는 정책을 가로막는 것은 부당한 일이다.

다양성이 부족할 때

다양성 부족 또한 큰 문제다. 대한민국 정치는 사실상 중년 남성의 독식 체제다. 사회는 갈수록 다양해지는데, 정치를 하는 사람들의 얼굴은 변하지 않는다. 21대 국회의 남성 비율은 81퍼센트로 OECD 평균인 72.2퍼센트보다 현격히 높다.[69] 국민의 반 이상이 여성인데, 대의 기관인 국회에서 여성이 차지한 의석의 수(57석)는 다음의 집단들보다도 낮다.

개신교인 (123석[70], 인구의 약 19.7퍼센트[71])

다주택자 (88석[72], 인구의 약 15.9퍼센트[73])

서울대 출신 (63석[74], 인구의 약 0.5퍼센트[75])

2004년 중앙선거관리위원회는 여성 추천 보조금 제도를 도입했다. 어떤 정당이든 전국 253개 지역구 중 30퍼센트, 즉 76명 이상의 여성 후보를 공천하면 8억 원이 넘는 보조금을 아무런 조건 없이 받을 수 있는 제도다. 그 이후 17년이 지났지만 실제로 이 보조금을 타간 원내 정당은 한 곳도 없다.[76] 여성 이외의 소수자 집단은 더욱 철저히 정치권에서 배제되어 있다. 커밍아웃한 성 소수자 국회의원은 단 한 명도 없고, 귀화인 국회의원은 19대 국회에서 새누리당 비례대표로 등원한 이자스민 의원이 처음이자 마지막이었다. 그나마 정당이 구색 맞추기를 위해 여성이나 기타 사회적 약자를 공천할 때도 지역구 국회의원에 비해 실권이 적은 비례대표로 내보내는 경우가 많다. 21대 국회 여성 의원 중 절반에 해당하는 28명이 비례대표다. 지역구 의원으로 한정하면 여성 의원 비율은 11.5퍼센트 정도로 더 떨어진다.[77]

다양성 부족은 의제의 편협함으로 이어진다. 중년 남성 정치인의 비율은 초선에서 다선으로, 그리고 거대 양당의 지도부로 올라갈수록 더 높아진다. 그들이 중요시하는 의제를 중심으로 정국이 운영되고, 차별금지법과 같이 기성세대가 아직은 폭넓게 공감하기 어려운 의제는 우선순위에서 밀릴 수밖에 없다. 심지어 여성이나 청년이 의원이 된다고 하더라도, 주체적으로 자신이 속한 집단의 의제를 개진하는 것이 아니라 당 지도부의 지시에 따라 해당 집단의 지지율을 높이기 위한 단순한 마스코트 같은 역할을 강요당하는 경우가 많다. 더불어민주당 4선 우상호 의원은 청년 의원을 비례대표로 데려왔더니 "청년 세대와 소통하는 게 아니라 자기 관심 있는 활동을 주로 했다"고 말했다.[78] 이처럼 정치 기득권을 장악한 중년 남성들은 다양성을 당의 저변을 넓히기 위한 수단으로만 보고 있다. 중년 남성 의제가 중요하지 않다는 것이 아니다. 다른 집단의 중요한 목소리는 배제하고 오로지 중년 남성 의제만 다루는 것이 문제다.

변화는 생각보다 빠르다

규제 포획의 전제 조건은 소수의 관심, 다수의 무관심이다. 따라서 근본적인 해결책 역시 대중의 관심도를 높이는 것뿐이다. 의원실 민원 전화에 쏟아지는 폭언이나 교회에서의 사회적 압박을 정치인이 무시하는 것은 불가능하지만, 결국 그들의 생명은 지지율이다. 더 많은 사람이 차별금지법에 관심을 가지고, 적극적인 의사 표현을 통해 정치인들에게 평등 의제에 대응하는 방식에 따라 표가 움직일 수 있다는 것을 보여줘야 한다. 차별금지법 찬성을 정치적 이해타산의 문제로 만들어야 한다는 의미다. 다양성 부족 역시 대중의 의사 표현으로 해결할 수 있다. 정치권을 장악한 중년 남성들이 차별금지법에 관심이 없다면, 관심을 가질 수밖에 없게 만들면 된다.

차별금지법을 둘러싼 갑론을박이 지금처럼 '제도권 밖에서 활동하는 소수 활동가' 대 '정치권에 막강한 영향력을 행사하는 극우 개신교 단체'의 대결로 남아 있는 이상, 결과는 바뀌지 않는다. 열정적인 활동가가 대중을 설득하고, 적극적인 대중이 정치인을 설득하고, 소신 있는 정치인이 입법을 위한 부담을 짊어져야 한다. 세 가지가 갖춰졌을 때, 규제 포획을 뚫고 평등을 위한 제도들이 본격적으로 추진될 수 있다.

지금 우리의 현실을 보면 한없이 먼 이야기같이 느껴질 수 있다. 하지만 조건만 갖춰진다면 변화는 늘 생각보다 빠르게 다가온다. 우리가 성 소수자에 대해 개방적이라고 생각하는 미국조차도 비교적 최근까지 동성혼 법제화는 불가능해 보였다. 1989년에 동성혼 법제화에 대한 의견을 물은 최초의 여론 조사가 나왔는데, 이때 찬성률은 12퍼센트에 불과했다.[79] 그 이전까지는 묻는 것도 상상할 수 없을 정도로 부정적인 의견이 많았다. 2008년 대선 때만 하더라도, 민주당의 두 유력 후보였던 버락 오바마와 힐러리 클린턴은 모두 동성혼 법제화를 공개적으로 반대했다.

하지만 동성혼 법제화 문제는 2000년대 중반 전환점을 맞기 시작한다. 이전까지는 각 주의 동성 성교 처벌법 철폐나 직장과 학교에서의 성 소수자 차별 방지 등 비교적 작은 성과를 위해 각각 활동하던 성 소수자 운동 단체들이 단합해 본격적으로 동성혼 법제화를 위한 전국적인 활동을 시작하면서부터다. 이들은 현실 정치에서 활동하던 베테랑 선거 전략가들의 자문을 얻어 대중을 설득할 수 있는 가장 효과적인 방법을 찾았다. 결혼은 성 소수자의 '법적 권리'라는 이성적인 주장이 아니라 '사랑의 결실'이라는 감성적 호소를 하고, 최대한 많은 사람에게 그 메시지를 전달하는 데 총력을 기울였다. 수만 명의 성 소수자 자원봉사자들이 가족과 함께 전국의 가장 보수적인 지역으로 투입돼 반대 의견의 유권자들을 설득하는 작업에 나섰다. 이들이 찾아간 유권자만 20만 명이 넘는다.

한 TV 광고에서는 80대의 2차 대전 참전 용사가 가족 삼대와 함께 화면에 등장했다. 그는 동성 커플인 손녀와 그 배우자의 이야기를 하며, 용기 있는 사랑을 하는 그들이 언젠가는 꼭 법적으로 부부 관계를 인정받아야만 한다고 말했다.[80]

이런 모습들이 미국을 움직였다. 2004년, 매사추세츠 Massachusetts주 대법원이 최초로 동성혼을 인정함으로써 법제화의 물꼬가 트인다. 그 후 30퍼센트에 머물던 법제화 찬성 의견은 매년 2.5퍼센트씩 꾸준히 상승했다. 단순히 보수적인 노년층의 사망만으로 설명할 수 없는 빠른 변화였다.[81] 여론이 움직이기 시작하자 다른 주의 법원과 의회에서도 법제화를 위한 움직임이 시작됐다. 주 단위로 한두 곳씩 동성혼이 인정되자 오랜 기다림 끝에 결혼식을 치른 동성 커플들의 모습이 매체를 통해 전국적으로 퍼져나가기 시작했고, 이것이 더 크게 여론을 움직였다.[82] 결국 2015년까지 총 37개 주가 동성혼을 인정하자 미국 연방 대법원은 전국적인 동성혼 법제화를 선언한다.[83]

그렇게 한때 여론 조사조차 하지 못할 만큼 뜨거운 감자였던 동성혼 법제화는 대중의 관심사가 된 지 약 10년 만에 현실이 됐다. 이에 부응해 정치권의 모습도 빠르게 변하고 있다. 민주당은 성 소수자 인권을 주요 의제로 전면에 내세우고 있으며, 보수적인 공화당에서도 공개적인 성 소수자 차별이나 동성혼 불법화 주장은 종적을 감추고 있다. 2008년 민주당 대선 경선에서는 모든 후보가 동성혼 법제화를 반대했지만, 2020년 경선에서는 기혼 성 소수자인 피트 부티지지Pete Buttigieg가 출마해 아이오와Iowa주 경선에서 승리하는 등 선전했다. 이후 그는 조 바이든Joe Biden 대통령의 교통부 장관으로 지명받아 미국 최초로 입각한 공개적 성 소수자가 됐다.

우리나라에서 현재 동성혼 법제화에 대한 찬성 의견은 35퍼센트다.[84] 차별금지법에 대한 찬성 의견은 앞서 말했듯 그보다도 훨씬 높다. 어떻게 보면 이미 2000년대 초반의 미국보다 앞선 지점에서 시작하고 있다. 지금 당장은 길이 보이지 않더라도, 불가능하다고 체념할 상황은 절대 아니다. 차별금지법이 소수의 문제에서 대중의 문제로 바뀔 수만 있다면, 당장 차별금지법이 만들어지고, 10년 후에는 동성혼이 인정되며, 그 후 머지않은 미래에 본인이 성 소수자라고 자랑스럽게 말하는 대통령 후보가 나오는 것도 결코 허황된 이야기는 아니라고 생각한다.

세 가지 피해 구제 방법

차별금지법이 없다고 해서 차별이 합법인 것은 아니다. 현행 법 체계하에도 차별 피해를 구제받을 수 있는 세 가지 방법이 있다. 헌법의 직접 적용, 개별법, 그리고 국가인권위원회법이다. 그러나 아직 차별이 만연한 우리 사회의 현실이 보여 주듯, 이 세 가지만으로 헌법적 기본 가치인 평등주의를 현실로 만들기는 역부족이다.

헌법 제11조 1항은 그 자체만으로도 차별을 금지한다. 하지만 헌법에는 어떤 행위가 차별인지, 차별하면 안 되는 대상이 누구인지, 그리고 차별을 당했을 때 어떤 법적 절차를 통해 구제받아야 하는지 구체적으로 쓰여 있지 않다. 더군다나 11조 1항의 "법 앞에 평등하다"라는 문구가 보여 주듯, 헌법은 원칙적으로 국가와 시민 사이의 관계를 규정하는 계약으로서, 국가 권력의 행사를 제한하는 것이지 개인의 행동을 규제하는 법이 아니다. 헌법으로 개인의 행동을 규제하기 위해서는 그 심각성이 국가가 방조하는 것만으로도 사회 계약을 위반하게 되는 수준이어야 한다.

우리 사법부는 헌법 제11조를 일반 민사사건에 직접 적용하는 데에 보수적이다. 국가가 아닌 개인이나 사적 단체의 행동을 규제할 때는 더욱 그렇다. 대법원 판례에 의하면 헌법 11조 1항을 사적 단체에 적용하여 민사상 손해 배상을 받는 것은 오로지 그 차별 처우가 "사회공동체의 건전한 상식과 법 감정에 비추어 볼 때 도저히 용인될 수 있는 한계를 벗어난 경우"에만 가능하다.[85] 일상에서 발생하는 다양한 차별 행위에 대해 피해자가 보상을 구할 때마다 일일이 적용하기에는 지나치게 가혹한 기준이다. 더불어 판사의 성향에 따라 판단이 달라질 수밖에 없는 주관적인 기준이기 때문에, 피해자로서는 차별을 당했을 때 그게 법에 위반되는 것인지 판단해 적극적으로 구제를 요구하기도 어렵다.

헌법의 직접 적용이 가진 한계를 극복하기 위해 특정한 상황에서의 차별을 구체적으로 다루는 여러 개별법이 존재한다. 성, 국적, 신앙, 또는 사회적 신분에 의한 근로 조건의 차별을 금지하는 근로기준법 제6조나, 장애인에 대한 차별을 금지하는 '장애인차별금지 및 권리구제 등에 관한 법률'이 개별법의 예다. 하지만 이런 개별법으로 모든 차별에 대처하기 위해서는 수도 없이 많은 입법이 필요하다. 예상치 못한 새로운 형태의 차별에 대해서는 대응이 늦어질 수밖에 없다. 더군다나 개별법에 의존할 때, 비교적 사회적 저항이 없어 통과시키기 쉬운 법부터 먼저 만들어지기 때문에 오히려 차별을 심하게 받는 집단일수록 구제가 늦어진다는 부작용이 생긴다.

개별법이 적용되지 않는 차별을 포함해 인권 침해 사

례를 포괄적으로 구제하기 위해 독립 기관인 국가인권위원회(인권위)가 2001년에 만들어졌다. 인권위는 국가 기관의 법령, 제도, 정책, 관행뿐만 아니라, 사적 주체의 차별 행위에 대해서도 진정을 받아 조사하고 개선을 권고할 수 있다.[86] 하지만 인권위의 권고에는 강제성이 없다. 권고를 받은 대상이 이를 무시하더라도, 그 사실을 인권위 홈페이지를 통해 홍보해서 비판의 대상이 되게끔 하는 것 외에는 할 수 있는 일이 없다.

실제로 인권위 권고는 무시되는 경우가 적지 않다. 설립 이후 인권위가 차별 행위 진정을 받고 개선을 권고한 것은 총 1980번이다. 권고가 온전히 수용된 경우는 전체의 60퍼센트 정도밖에 되지 않는다.[87] 2020년에는 남양주시가 공무원과 계약직 근로자의 휴가 사용 기준을 차별적으로 적용하지 말라는 권고를 무시했다. 총신대, 성결대, 한남대 등 세 군데 기독교 학교는 교직원 채용에서 비기독교인을 배제하지 말라는 권고를 수용하지 않았다.[88] 특히 정부 기관의 경우, 대놓고 말하지 않더라도 '검토 중'이라고만 답변하고 장기간 판단을 보류함으로써 사실상 불수용하는 때도 있다.[89] 마찬가지로 2020년에 경기도가 외국인에게도 코로나19 관련 재난지원금을 지급하라는 인권위의 경고를 불수용했다는 보도가 나오자, 다음날 경기도 측에서 불수용이 아니라 '검토 중'이라고

급히 정정하는 사례가 있었다.[90] 결국 최종적으로 인권위는 불수용이라는 판단을 내렸지만, 경기도 측에서는 수용했다고 주장하는 웃지 못할 사태가 벌어졌다.[91]

차별금지법에 있는 것들

지금까지 살펴본 것처럼 현행법으로 차별 피해를 구제할 수 있는 세 가지 방법 즉, 헌법 직접 적용, 개별법, 국가인권위원회 권고 모두 한계가 명확하다. 그 한계를 넘어 헌법적 기본 가치인 평등권을 보장할 수 있는 가장 효과적인 방법이 포괄적 차별금지법이다. 정의당 장혜영 의원이 2020년 6월 29일 발의한 차별금지법안을 들여다보면 왜 차별금지법이 현행법의 한계를 보완할 수 있는지 알 수 있다.

첫째, 차별금지법은 차별 행위를 명확히 정의한다. 차별이 허용되지 않는 영역은 고용, 경제 행위, 교육, 그리고 정부 서비스 총 네 가지다. 이 네 가지 영역 안에서는 다음과 같은 다섯 부류의 행위가 금지된다.

- 합리적인 이유 없이 차별하는 것
- 명시적으로 차별할 의도는 없었으나 특정 기준을 적용하고, 그 기준으로 인해 차별적인 결과가 나타나는 것
- 성적 요구를 통해 피해를 주는 각종 행위

－모욕적인 환경을 조성하여 신체적, 정신적 고통을 주는 것

－차별을 조장하는 광고 행위[92]

이 외에도 각 영역 안에서 차별에 해당하는 세부 행위 사례를 규정하고 있다. 이렇듯 어떤 일을 했을 때 차별이 되는 지를 명확하게 규정함으로써 "사회공동체의 건전한 상식과 법 감정에 비추어 볼 때 도저히 용인될 수 있는 한계를 벗어 난 경우"라는 추상적이고 충족하기 어려운 기준을 적용할 필요가 없어진다. 구제할 수 있는 차별 피해의 범위가 종전에 비해 넓어질 뿐만 아니라, 피해자가 차별을 당한 시점에서 구제가 가능한 것인지 비교적 손쉽게 판단하고 법적 조치를 취할수 있다.

둘째, 차별금지법은 차별해서는 안 되는 대상을 포괄적, 구체적으로 규정한다. 헌법에는 성별, 종교 이외에는 "사회적 신분"이라고 뭉뚱그려져 있을 뿐인데, 차별금지법에는 "성별, 장애, 나이, 언어, 출신 국가, 출신 민족, 인종, 국적, 피부색, 출신 지역, 용모 등 신체 조건, 혼인 여부, 임신 또는 출산, 가족 및 가구의 형태와 상황, 종교, 사상 또는 정치적 의견, 형의 효력이 실효된 전과, 성적 지향, 성별 정체성, 학력, 고용 형태, 병력 또는 건강 상태" 등 차별해서는 안 되는 사회적 신분의 예를 굉장히 구체적으로 제시한다.[93] 이는 헌법 제11조에

규정된 평등권이 종교나 성별에 한정된 것이 아니라 폭넓은 사회적 신분을 망라하는 포괄적인 개념임을 명확히 한다.

셋째, 차별금지법은 피해자가 구제받기 위해 따라가야 할 로드맵을 구체적으로 제시한다. 그 첫 단계가 인권위 진정인 것은 현행과 변화가 없다. 다만 차별금지법 입법 후에는 인권위 권고를 받아들이지 않는 차별 행위자에 강제성이 있는 시정 명령을 할 수 있으며,[94] 시정 명령까지 받아들이지 않는다면 3000만 원 이하의 이행강제금을 부과할 수 있다.[95] 차별 행위자가 시정 명령에 불복할 때는 인권위에 이의를 제기하여 재결을 요청할 수 있고, 거기에도 불복한다면 법원에서 소를 제기할 수 있다.[96] 이와는 별도로 차별 행위자가 피해자에게 손해를 입혔을 경우에는 민사상 배상 책임이 발생한다.[97] 악의적인[98] 차별의 경우 손해액의 두 배 이상 다섯 배 이하 수준의 징벌적 손해 배상도 가능하다.[99] 이 과정에서 피해자를 위한 법률 지원이 필요할 경우 인권위는 대한법률구조공단이나 기타 단체에 법률 구조를 요청할 수 있다.[100] 사법 절차에 들어가는 비용 자체가 많은 피해자에게 장벽이 될 수 있다는 것을 고려한 조항이다.

앞서 언급한 고故 변희수 하사의 예를 들어 설명해 본다. 변 하사는 군인권센터를 통해 인권위 진정을 제기했고, 2020년 말 육군의 강제 전역 조치가 인권 침해로 인정되어 인권위가 국방부 장관과 육군 참모 총장에게 제도 개선과 시정을 권고했다.[101] 하지만 강제성이 없는 권고이기 때문에 군에서 인권위의 요구를 무시해도 아무런 일이 일어나지 않는다. 그래서 강제 전역 조치를 뒤집기 위해서는 변 하사 본인이 많은 시간과 돈이 들어가는 행정 소송을 제기할 수밖에 없었다.

하지만 차별금지법 입법 이후에는 인권위의 시정 권고가 강제성 있는 '시정 명령'으로 변한다. 군에서 불복하면 최대 3000만 원의 이행강제금을 내야 한다. 강제 전역 조치를 뒤집기 위해 군을 상대로 변 하사가 소송을 진행해야 했던 현행과 달리, 이 경우에는 군이 시정 명령을 뒤집기 위해 인권위를 상대로 소송을 진행해야 한다(다만 피해자가 원하면, 강제 전역 조치 취소 이외의 금전적 손해 배상을 위한 별도 소송을 군에 제기해 받지 못한 임금이나 정신적 피해 등에 대해서도 배상받을 수 있다). 받지 못한 임금이나 정신적 피해 등에 대해서도 배상받을 수 있다. 만약 법원이 강제 전역 조치가 군의 악의적인 차별이라고 판단한다면, 징벌적 손해 배상으로 실제 손액의 다섯 배까지 되는 금액을 받을 수 있다.

차별금지법에 없는 것들 : 혐오 표현

일각에서는 차별금지법 입법으로 표현의 자유가 침해될 것이라는 우려가 있다. 무엇이든 '혐오 표현'으로 해석되는 말을 하면 처벌을 당할 수 있어서, 두려움으로 인해 여성이나 성 소수자와 같은 사회적 약자에 대해서는 정당한 비판이나 토의조차 할 수 없게 될 것이라는 의견이다. 그러나 이는 전제부터 틀렸다. 일단 처벌이라는 표현 자체가 형사법의 개념으로, 여기에는 맞지 않는다. 장혜영 의원이 제시한 안에서 형사 처벌이 가능한 행위는 단 한 가지, 직장 상사 또는 교육자가 차별에 대한 구제를 요청했다는 이유로 피해자에게 보복한 경우다.[102] 따라서 아무리 혐오 표현의 수위가 높을지라도 차별금지법 때문에 감옥에 가거나 벌금을 낼 일은 확실히 없다.

혐오 표현만이라면 피해자가 형사 처벌이 아닌 민사상 손해 배상을 강제하는 일 역시 쉽지 않다. 일단 법이 적용되는 영역이 고용, 경제 관계, 교육, 정부 서비스 등 네 가지로 한정되어 있어서 사적인 대화에서 오가는 표현은 해당하지 않는다. 친구들끼리 모인 술자리나 단톡방에서 '동성애자 징그럽지 않냐?'라고 말했다고 해서 손해 배상을 하게 될 일도 확실히 없다.

설사 직장 상사나 학교 선생님이 '동성애자 징그럽다'라고 말했다고 하더라도 꼭 손해 배상을 하게 되는 것도 아니다. 일단 손해 배상을 하려면 손해가 있어야 한다. 아무리 동성애자가 이 이야기를 듣고 기분이 나빴다고 하더라도 일회적이라면 유의미한 손해가 발생했다고 인정되기 어렵다. 지

나가는 말 한마디가 아니라 수차례에 걸쳐 모욕적인 말과 행동을 반복해서 직장을 다니기 어려운 환경을 만들거나, 동성애자를 승진에서 배제하는 등 조금 더 실질적인 불이익을 줘야 손해액이 분명해진다.

표현의 자유가 위축된다는 주장의 근거로 미국 등에서 혐오 발언을 이유로 대기업의 임원이 해고당하거나 유명 연예인이 방송에 나오지 못하게 된 사례를 들기도 한다. 하지만 이것은 여론의 문제지 차별금지법의 존재 여부와는 무관한 이야기다. 2014년 흑인에 대한 원색적인 인종 차별 발언이 언론에 공개돼 NBA에서 평생 제명된 LA클리퍼스의 전 구단주 도널드 스털링Donald Sterling의 예를 보자. 스털링의 발언이 공개되자 팬들은 분노했고, 흑인이 대부분인 선수들은 경기 보이콧까지 계획했다. 시간이 지날수록 일이 커져 스털링은 NBA 팬덤을 넘어 전 국민의 공분을 샀고, 결국 오바마 대통령이 이를 직접 비판하는 입장까지 발표했다.[103] 발언 내용이 공개된 지 나흘 후, 스털링은 NBA로부터 영구 제명을 당한다. 그런데 이 과정에서 미국법이 개입된 부분은 없다. 인종 차별을 용납할 수 없다는 사회의 인식으로 인해 여론이 급격히 나빠지자 사기업인 NBA가 자체적으로 판단해 제명했을 뿐이다. 국내에 차별금지법의 부작용으로 회자되는 미국의 사례는 대부분 이런 경우다. 오히려 미국은 표현의 자유를 상당히 강력하게 보호하기 때문에, 다른 형태의 차별 행위가 결합되지 않은 순수한 혐오 발언만으로 형사 처벌되거나 민사상 손해 배상을 하는 것은 거의 불가능에 가깝다.

물론 우리 법체계가 미국과 달리 명예 훼손이나 공직선거법상 허위사실공표죄 등 민형사상으로 표현의 자유를 제약하는 법을 매우 공격적으로 적용한다는 것은 분명 문제다. 특히 정치인이나 정부 기관이 승소나 유죄 판결의 가능성이 크지 않더라도 보복성 고소, 고발을 남발하여 비판 여론을 잠재우려 하는 관행도 빈번하다. 이런 환경에서 아무리 차별금지법이 직접적으로는 대부분의 혐오 표현에 적용되지 않는다고 하더라도, 판례가 쌓이고 국민이 법에 익숙해지기 전까지의 불확실성 자체가 표현의 자유를 억압할 수 있다는 우려도 일리는 있다.

하지만 이는 표현의 자유를 보호하고 무분별한 고소, 고발을 방지하기 위한 별도의 입법을 통해 해결할 일이다. 혐오 표현에 대한 규제가 극히 제한된 수준에 불과한 차별금지법 전체를 반대하기 위한 논거로서는 설득력이 없다. 차별금지법 도입과 동시에 명예 훼손, 허위사실공표죄 등 표현의 자유를 제약하는 법의 부작용을 일괄적으로 해결하기 위한 노력은 병행되어야 한다. 고소, 고발만 하면 특별한 비용 없이 상대에게 법적 대응의 비용을 강요할 수 있어 악용되는 형사상 명예훼손죄는 폐지되어야 한다. 정치인이나 고위공무원 등 공인에 대한 발언은 그 정도가 지나치지 않다면 처벌되지 않도록 면책 범위를 확대해야 한다. 그리고 표현의 자유를 부당하게 제약하기 위해 제기한 것이 명확한 소송 건이라면 빠르게 패소시키고 상대에게 변호사 비용도 환수할 수 있는 약식 절차도 도입해야 한다.[104] 이런 표현의 자유를 보호하기 위한 제도적 안전장치와 병행한다면 차별금지법으로 인해 표현의 자유가 위축될 것이라는 우려는 불식시킬 수 있다.

반대로 차별금지법이 혐오 표현을 규제하지 않는다면 현재 사회적 약자가 혐오 표현으로 받는 극심한 고통에 어떤 식으로 대처할 수 있는지 우려하는 목소리도 있다. 하지만 앞서 설명했듯, 법에는 선언적 효과가 있고, 개인적 차별은 차별적인 제도와 결을 함께할 때 크게 문제가 되는 것이다. 지금 우리 사회에 많은 사람이 혐오 표현을 쉽게 할 수 있는 것은 차별을 금지하는 법이 없어 '차별은 잘못되었다'는 자각이 없기 때문이다. 차별금지법이 도입된다면 이들은 언론에 나오는 차별 가해자의 처벌 사례나 직원의 법 위반을 방지하기 위해 직장에서 실시하는 차별 방지 교육 등을 통해 꾸준히 '차별은 잘못되었다'는 메시지를 전달받게 된다. 완벽한 해결책은 될 수 없지만, 혐오 표현의 빈도는 분명 큰 폭으로 줄어들 것이다.

차별금지법에 없는 것들 ; 역차별

두 번째 오해는 차별금지법이 입법되면 역차별이 생긴다는 것이다. 즉, 차별금지법은 특정 약자 집단의 권리만을 보호하기 때문에, 이들에게는 전에 없던 특권이 생기고 그 외 사람들은 오히려 권리 침해를 당한다는 주장이다. 제도적 차별을 설명하면서 언급한 극우 개신교 단체의 동성애 독재 구호가 이런 주장의 대표적인 사례다. 또 일부 반페미니즘 성향의 남성들은 차별금지법이 생기면 기업에서 소송을 두려워해 남성을 역차별하고 여성만 뽑을 것이라는 우려를 하기도 한다.

하지만 차별금지법은 특정 약자 집단에게만 해당하는 법이 아니라 모든 차별에 보편적으로 적용되는 법이다. 예를 들어 성적 지향으로 인한 차별을 금지한다고 돼 있을 뿐, 이성애자가 동성애자를 차별하는 것만을 금지하는 건 아니다. 그래서 역차별도 법이 금지하는 차별의 한 종류일 뿐이다. 만약 정말로 시간이 흐르고 세상이 변해서 성 소수자가 기독교인을, 또 여성이 남성을 제도적으로 탄압하는 시대가 온다면 차별금지법은 새롭게 약자가 된 기독교인이나 남성도 보호해줄 것이다. 어떤 상황의 누구든 차별을 당하는 약자라면 무조건 기댈 수 있는 최소한의 권리 안전망을 구성하는 것이 차별금지법의 기능이다.

다만, 차별금지법안의 제3조 2항2호에 "현존하는 차별을 해소하기 위하여 특정한 개인이나 집단을 잠정적으로 우대하는 행위와 이를 내용으로 하는 법령의 제정·개정 및 정책의 수립·집행"을 금지되는 차별의 범위에서 제외하는 내용이 있다. 이는 이미 현행법에 존재하는 국가인권위원회법 제2조 3호의 내용을 옮겨온 것에 지나지 않는다. 실제로 현존하는 차별에 대한 반대급부로 사회적 약자를 우대하는 제도는 이미 수도 없이 많다. 대학의 농어촌 특별전형은 시행된 지 이십 년이 넘었고, 공공기관에도 2018년부터 양성평등 채용목표제가 도입되었다. 불이익을 안고 태어나는 소수 인종에게 가산점을 부여하는 어퍼머티브 액션Affirmative Action 제도가 지금도 몇 년에 한 번꼴로 대법원에 갈 만큼 격렬한 분쟁 소재인 미국과 달리, 오히려 우리 사회는 이런 제도에 대해 훨씬 더 익숙하고 거부감이 적다. 차별금지법은 그런 제도의 합법성을 재확인할 뿐, 그 자체만으로는 아무것도 바꾸지 않는다.

실제로 이러한 제도가 필요한 경우는 분명 존재한다. 오랜 시간 누적된 제도적 차별로 인해 사람들의 인식이 바뀌기만을 기다리기에는 약자가 너무나도 극심한 불이익을 받을 경우, 빠른 해결을 위해 국가 권력의 개입이 필요할 수 있다. 물론 이런 개입은 필연적으로 한 집단에 혜택을 주는 만큼 다른 집단에 불이익을 주기 때문에, 공동체 전체의 득실을 고려한 후 신중하게 조치할 필요가 있다. 건국 이후 수십 년간의 수도권 중심 발전으로 분명 지방 농어촌 학생들이 서울 학생들에 비해 불리한 점이 많은 것이 사실이다. 하지만 그 사실이 자기 나름대로 열심히 공부해서 같은 점수를 따 놓고도 농어촌 특별전형으로 인해 대학에 떨어진 서울 학생 개인에게 위안이 되지는 않을 것이다. 마찬가지로 미래에 이런 형태의 법이 더 만들어진다고 해도, 반드시 혜택을 받는 집단과 피해를 보는 집단의 입장을 모두 고려해 보수적으로 접근해야 한다. 차별금지법은 그런 토의를 위한 문이 열려 있음을 재확인할 뿐, 그 자체만으로는 사회적 약자를 위한 우대 정책에 아무런 영향도 미치지 않는다. 차별금지법의 영향으로 현존하는 차별이 해소된다면, 이런 '역차별' 정책이 실행될 근거가 오히려 사라질 수도 있다.

차별금지법에 있어서는 안 되는 것 ; 종교 예외

2020년 12월, 민주당 이상민 의원이 21대 국회 민주당 의원 중에서는 최초로 구체적인 차별금지법 발의를 준비한다는 소식이 전해졌다. 새로 발의되는 이상민 의원 안과 기존 장혜영 의원 안의 가장 큰 차이는 전자에 '사회상규에 반하지 않는 종교와 전도 활동'에 대한 예외 조항이 포함되어 있다는 점이다.

종교 예외 조항은 차별금지법의 근본적 취지를 훼손하는 독소 조항이 될 가능성이 크다. 앞서 설명했듯 고용, 경제 관계, 교육, 정부 서비스 등 차별금지법이 규제하는 네 가지 영역에서 발생하지 않는 혐오 표현은 제한 대상이 아니다. 따라서 설교나 전도 같은 순수한 종교 활동 중 '동성애는 죄악'이라는 성서의 내용을 전달했다고 해서 처벌받지 않는다. 성소수자 차별의 상징이 된 퀴어퍼레이드 옆 반대 시위도 차별금지법의 규제 대상이 아니다. 집회를 통한 의견 개진은 위에서 열거한 네 가지 영역 중 어디에도 들어가지 않기 때문이다. 오히려 아이러니하게도 차별금지법 입법 후에 서울시나 다른 지자체가 퀴어퍼레이드에만 집회 허가를 내주고 극우 개신교 단체의 반대 시위는 거부할 경우, 이는 정부 서비스의 영역에 들어가기 때문에 규제 대상이 될 수도 있다.

그런데도 굳이 종교 예외 조항을 추가한 이유는 개신교계 단체가 운영하는 학교 재단이나 기업을 염두에 뒀기 때문일 가능성이 크다. 종교 예외 조항이 인정된다면, 개신교계 사립 학교에서 성 소수자 학생이나 성 소수자 부모를 가진 학생의 입학을 거부하거나, 개신교계 기업이 성 소수자 직원을 임의대로 해고하는 일이 합법화될 수 있다. 예외 조항이 광범위하게 해석되면, 동성혼 법제화 이후에도 개신교 신앙을 가진 공무원이 동성 커플의 혼인신고를 거부하는 것 역시 허용될

지도 모른다. "사회상규에 반하지 않는"이라는 단서 조항이 들어간다고는 하나, 법원에서 이를 어떻게 해석할지 예측할 수 없는 추상적인 개념이기 때문에 유의미한 안전장치가 된다고 보기 어렵다.

특정 종교 신자가 신앙에 기반한 학교나 기업을 설립해 자기 종교의 교리를 최대한 반영하며 운영할 권리는 헌법이 보장하는 종교의 자유의 중요한 일부분으로, 무시할 수 없다. 하지만 마태복음 22장 21절에도 "카이사르(국가)의 것은 카이사르(국가)에게 돌려주고, 하느님의 것은 하느님께 돌려 드려라"라는 말씀이 있다. 아무리 교리를 반영해 운영하는 단체라 할지라도 세속적인 제도의 혜택을 받은 이상, 종교 활동과 직접적 연결점이 없는 부분에서는 세속의 법을 따라야 한다. 이런 단체라고 해서 탈세나 공공요금 체납이 허용되지 않듯, 헌법 정신에 정면으로 배치되는 불법적인 차별 역시 허용되어서는 안 된다.

내용을 곰곰이 살펴보면 차별금지법은 굉장히 간단한 법이다. 고용, 경제 관계, 교육, 정부 서비스 네 가지 공적인 영역에서만 차별이 제한된다. 개인의 신앙, 양심, 표현 등 사적인 영역에는 일절 영향을 미치지 않는다. 마치 차별금지법이 생기면 생각만 잘못해도 잡혀갈 수 있는 양 확대 해석하는 주장은 반대 세력의 악의적인 왜곡에 지나지 않는다. 차별금지법은 우리 사회를 지금까지 듣도 보도 못한 생소한 모습으로 바꾸는 급진적인 법이 아니다. 단지 우리와 늘 함께해 온 "모든 국민은 법 앞에 평등하다"라는 1948년 대한민국 헌법의 오래된 약속을 뒤늦게라도 지키기 위한 최소한의 행동일 뿐이다.

에필로그   가치의 공동체를 향해

변호사 경력이 길어질수록 미국에 대한 환상은 줄어들었다. "모든 인간은 평등하게 만들어졌으며 (중략) 창조주로부터 불가침의 권리를 부여받았다."[105] 1776년 독립 선언문의 첫머리이자 미국을 상징하는 말이다. 하지만 250년이 지난 지금도 공권력으로부터 권리를 보호받는 사람과 권리를 침해당하는 사람이 너무나도 명확히 구분되는 것이 현실이다. 내가 속한 법인은 미국의 연방 교도소에서 터진 코로나19 집단 감염 사건을 맡았다. 사회적 거리 두기가 불가능할 정도로 수용자가 밀집해 있는 환경을 개선해야 한다는 요구에도 미국 정부는 묵묵부답이었다. 한때 수용 인구의 절반이 넘는 1000명 이상의 수용자가 감염됐고, 일곱 명이 사망했다.[106] 당시 마치 미국의 바닥을 본 것 같은 절망을 느꼈다.

하지만 반대로 미국의 정점을 봤다고 느낄 때도 있었다. 2017년 1월 28일이었다. 전날인 27일 밤, 트럼프 대통령은 다음날 자정을 기해 이란, 이라크, 리비아, 소말리아, 수단, 시리아, 예멘 등 7개 국가에서의 미국 입국을 막는 소위 '무슬림 금지령'을 발표했다. 다음날 공항은 아수라장이었다. 단순 방문자는 물론, 영주권을 가지고 미국에서 생활하다가 잠시 출국한 후 재입국을 시도하던 수백 명이 영문도 모른 채 입국장에서 수갑이 채워져 연행됐다.

이 소식이 SNS를 통해 퍼지기 시작하자 사람들이 하나

둘씩 전국 국제 공항으로 모여들기 시작하더니, 금세 수천 명의 시위대가 되었다. 이들은 체포된 입국자의 전원 석방을 요구하며 입국장을 점거했다. 뉴욕에서는 택시 기사 노조가 시위에 동참해 저녁 6시부터 7시까지 한 시간 동안 모든 승객의 탑승을 거부하는 미니 파업을 실시했다.[107] 저녁 무렵 연행됐던 사람들이 한두 명씩 풀려나기 시작하자 시위대는 박수를 치고 환호성을 질렀다. 자신을 이라크전 참전 용사라고 밝힌 한 남자는 가까스로 입국에 성공한 이라크인 가족을 발견하자 자기 가슴에서 상이용사 훈장을 떼어 달아주기도 했다.[108]

다음으로 움직인 것은 변호사들이었다. 28일 당일부터 수많은 변호사가 공항으로 가서 체포된 입국자들의 법률 지원을 자처했다. 당시 직장으로 '이미 공항에 변호사가 포화 상태니 더는 오지 말라'는 내용의 이메일이 올 정도였다. 다른 변호사들은 법원으로 향했다. 트럼프 대통령의 발표로부터 48시간도 지나지 않은 1월 29일 저녁, 뉴욕 연방 법원에서 무슬림 금지령에 대한 효력 정지 가처분 신청이 받아들여졌다. 소송을 진행한 시민단체 ACLU는 단 이틀 만에 금지령에 반대하는 시민 35만 명에게서 우리 돈 300억 원에 달하는 기부금을 모았다.[109]

무슬림 금지령의 무엇이 이렇게까지 미국인들을 분노하게 했을까? 공항을 가득 메운 시위대 대부분은 금지령의 대상이 된 무슬림 국가 출신이 아니었다. 행정명령의 피해자들은 미국 시민이 아니라 인종과 언어가 다른 타인이었다. 그런데도 사람들은 주저 없이 주말 오후에 공항으로 나가 시위를 하고, 다수는 밤을 새우면서까지 자리를 지켰다. 이들 마음속 미국은 민족의 공동체가 아닌 가치의 공동체였다. 미국이 미국인 이유는 독립선언서에 나온 대로 '불가침의 권리'를 존중하고 보호하는 나라이기 때문이다. 아무리 이민자라 할지라도 정당한 절차 없이 권리를 빼앗는다면 그건 더 이상 미국이 아니다. 나라를 사랑하는 미국 시민으로서 자신이 진심으로 믿는 공통의 가치를 지키기 위해 그들은 움직일 수밖에 없었다.

이민자에 대한 인권 침해는 비단 미국만의 문제가 아니다. 2020년 10월, 법무부 심사관들이 난민 심사 시 신청자를 최대한 떨어트리기 위해 진술 내용을 허위로 기재한 후 조서나 녹음테이프 열람을 거부하는 등 허위 기재 사실을 은폐하며 심각한 인권 침해를 자행하고 있다는 인권위 조사 결과가 나왔다.[110] 난민을 성실히 심사하고 조건이 맞으면 받아들이는 것은 1951년 난민의 지위에 관한 협약에 명시된 의무로, 협약 체결국인 우리나라에서는 법령과 동일한 강제성을 가진다. 신청자의 진술을 조직적으로 왜곡하고 그 사실을 은폐한 것은 트럼프의 무슬림 금지령 못지않은 심각한 문제다. 그런데 이 조사 결과는 인권위 홈페이지에 올라왔을 뿐, 대부분의 매체에서는 기사화조차 되지 않았다.

미국이 무조건 우리보다 인권이 잘 지켜지는 사회라고 생각하기에는 너무 많은 부조리를 경험했다. 하지만 그럼에도 불구하고 분명 의식의 차이는 있다. 가치 중심적 국가관이 자리 잡은 미국에 비해 우리는 아직 많은 면에서 민족주의적 국가관에 머물러 있다. 물론 민족주의에도 공동체 의식을 고취하는 순기능이 있다. 지금의 대한민국을 만든 3.1운동에서부터 2016~2017년의 박근혜 전 대통령 퇴진 운동까지 이어진 민중의 집단행동 역시 민족주의 없이는 불가능했을 것이다.

하지만 민족주의적 국가관에는 두 가지 한계가 있다. 첫 번째는 필연적으로 통상적인 민족 개념에서 벗어나는 소수자나 이방인에 대한 배제와 무관심이 발생한다는 점이다. 두 번째는 민족주의적 국가관이 무기한 유지되는 것은 현실적으로 불가능하다는 점이다. 2020년 기준 우리나라의 해외 출신 거주자는 222만 명으로, 충청남도 인구보다도 많다.[111] 이들 중 19.7퍼센트는 한국 국적을 가지고 있다. 우리 사회의 다민족화는 이미 현재진행형이다. 언제까지나 민족주의적 개념으로만 국가를 정의한다면, 공동체는 결국 붕괴할 수밖에 없다.

미국에 '불가침의 권리'가 있고 프랑스에 '자유, 박애, 평등'이 있듯이, 우리도 민족 이외에 한국인이란 무엇인가를 정의하는 요소를 찾아 나가야 할 시점이라고 생각한다. 두 세대 만에 황량한 폐허에서 풍요로운 경제 대국을 만들고, 독재 정권들을 무너뜨리고 민주주의 국가를 만든 우리 역사에는 분명 한국인의 혈통이 아니더라도 누구든 공감할 수 있는 보편적인 가치가 있다. 민족주의에만 의존할 필요가 없는 이유다.

차별금지법은 지금 당장 차별에 고통받는 피해자를 보호하기 위한 절박한 현안이면서, 동시에 우리가 가치의 공동체로 나아가기 위한 첫걸음이다. 모두가 평등한 사회 구성원이라는 전제 없이는 공통의 가치 역시 있을 수 없다. 반면 차별금지법, 그리고 평등을 지향하는 법과 제도가 앞으로 꾸준히 만들어져 의식이 달라진다면, 2017년 1월 28일 미국 공항에 나타난 군중의 모습이 한국에서 재현되지 못할 이유는 없다. 인위적인 기준을 정해 놓고 누구를 배제할 것인가를 고민하는 사회가 아닌, 모두를 포용할 수 있는 가치의 창출을 고민하는 사회가 우리의 목표가 되어야 한다.

초고를 쓰던 2020년 10월, 인상 깊은 사건이 있었다. 정의당 지도부가 국립현충원의 학도의용군 무명용사탑을 방문했는데, 경사로가 갖춰져 있지 않아 휠체어를 탄 배복주 부대표가 계단을 오르지 못하게 되었다. 결국 그는 계단 아래에서 참배할 수밖에 없었고, 류호정, 장혜영 두 의원 역시 연대의 뜻을 담아 계단을 오르지 않고 그의 곁에 남았다. 이들의 모습을 찍은 사진이 SNS에서 화제가 되었고, 세 사람이 문제를 제기한 덕분에 다음 달인 11월에는 그 자리에 경사로가 설치됐다.[112]

내가 하고 싶은 이야기는 그 어떤 맺음말보다도 무명용사탑 계단 앞에 멈춰선 세 사람의 모습으로 잘 표현된다는 생각이 든다. 국가를 위해 목숨을 바친 순국선열을 위해 기념비를 세우고 참배하며 그 뜻을 기리는 것은 물론 중요한 일이다. 하지만 크고 멋진 기념비와 숭고한 의식만큼이나 한 사람의 국민도 빠짐없이 참배할 기회를 가질 수 있도록 노력하고 배려하는 일 역시 중요하다. 기념비 없이 홀로 덩그러니 놓인 경사로가 무의미한 만큼, 경사로 없는 기념비 역시 의미가 없다.

그동안 우리는 너무 기념비의 높이에만 신경 썼던 것이 아닐까. 이제는 경사로가 필요한 곳을 함께 찾아가야 할 때다.

주

1 _ WHO가 공식적인 질병의 종류와 이름을 정해 배포하는 자료다. 국가별로 정리하는 사망 원인 통계를 표준화해서 관리할 수 있다.

2 _ 이병준, 〈신촌역 '성 소수자 차별 반대' 광고 훼손한 20대 남성 붙잡혀〉,《중앙일보》, 2020. 8. 3.

3 _ 연윤정, 〈성 소수자 채용 과정·직장 내 차별 심각〉, 매일노동뉴스, 2015. 11. 11.

4 _ OECD, 〈Society at a Glance 2019〉, 2019. 3. 27.

5 _ 전진식, 〈성 소수자들 66.8% 자살 충동〉,《한겨레21》, 2015. 5. 13.

6 _ OECD, 〈Employment: Social Protection - Key Indicators〉, 2021. 4. 26.

7 _ 국가인권위원회, 〈"한국인과 이주민 간의 차별적 지위 부여를 당연한 것처럼 인식하는 것이 인종 차별"〉, 2020. 3. 19.

8 _ 김경미, 〈"고령화 속도 가장 빠른 한국… 노인 빈곤율도 OECD 1위"〉,《중앙일보》, 2021. 2. 17.

9 _ 박찬형, 〈한국 노인 OECD 최고 자살률… 노인들이 가장 힘들어하는 것은?〉, KBS, 2019. 9. 29.

10 _ 국가인권위원회, 〈2020 차별에 대한 국민 인식 조사 "코로나19, 국민들의 차별에 대한 민감성 높여"〉, 2020. 6. 23.

11 _ 한국갤럽, 〈한국갤럽 데일리 오피니언〉, 2021. 4. 22.

12 _ 국사편찬위원회, 〈근우회의 창립과 이념〉,《신편 한국사 49》, 2002.

13 _ 대한민국 국회, 〈제1회 국회속기록 제21호〉, 1948. 6. 30., 15쪽.

14 _ 대한민국 국회, 〈제1회 국회속기록 제21호〉, 1948. 6. 30., 19쪽.

15 _ the Negro's great stumbling block in his stride toward freedom is not the White Citizen's Council-er or the Ku Klux Klanner, but the white moderate, who is more devoted to "order" than to justice; who prefers a negative peace which is the absence of tension to a positive peace which is the presence of justice; who constantly says: "I agree with you in the goal you seek, but I cannot agree with your methods of direct action"; who paternalistically believes he can set the timetable for another man's freedom; who lives by a mythical concept of time and who constantly advises the Negro to wait for a "more convenient season." Shallow understanding from people of good will is more frustrating than absolute misunderstanding from people of ill will. Lukewarm acceptance is much more bewildering than outright rejection.

16 _ Andrew DePietro, 〈Here's How Much Money Police Officers Earn In Every State〉, 《Forbes》, 2020. 4. 23.

17 _ Michael Mccann, 〈Examining Sterling Brown's Legal Options After Milwaukee Arrest Video Release〉, 《Sports Illustrated》, 2018. 5. 23

18 _ 한승곤, 〈트랜스젠더 숙명여대 입학 포기… 성 소수자 차별 논란 후폭풍〉, 아시아경제, 2020. 2. 8.

19 _ 한국여성정책연구원, 〈한국사회의 성평등 현안 인식 조사 결과 발표〉, 2019. 1. 15.

20 _ 실제로 간디는 이런 말을 한 적이 없고, 정확한 출처는 불분명하다고 한다.
Paul Knight, 〈Quote from Humphrey, not Gandhi〉, 《The Columbian》, 2016. 11. 11.

21 _ 주영민, 〈'노동법보다 느슨하다'… 차별 전제한 고용허가제〉, 노컷뉴스, 2021. 1. 11.

22 _ Nanchanok Wongsamuth and Grace Moon, 〈Exclusive: Hundreds of Thai workers found dying in South Korea with numbers rising〉, 《Reuters》, 2020. 12. 22.

23 _ 박경만, 〈국과수 "비닐하우스서 숨진 캄보디아 노동자 사인은 간경화"〉, 《한겨레》, 2020. 12. 24.

24 _ 이영재, 〈농어촌 외국인 노동자 70%, 비닐하우스 등 가설 건축물에 산다〉, 연합뉴스, 2021. 1. 6.

25 _ 조은아, 〈'노예제' 악용되는 고용허가제〉, 《동아일보》, 2018. 2. 27.

26 _ 국가인권위원회, 〈"인권위는 범죄자 인권만 보호하나?"〉, 2008. 4. 17.

27 _ 국가인권위원회, 〈수용자 인권증진 개선방안 권고 일부, 법무부 불수용〉, 2020. 2. 4.

28 _ U.S. Customs and Border Protection, 〈Southwest Land Border Encounters〉, 2021. 4. 20.

29 _ Carla N. Argueta, 〈Border Security: Immigration Enforcement Between Ports of Entry〉, Congressional Research Service, 2016. 4. 19., p. 2.

30 _ U.S. Customs and Border Protection, 〈Southwest Border Deaths By Fiscal Year〉.

31 _ Carla N. Argueta, 〈Border Security: Immigration Enforcement Between Ports of Entry〉, Congressional Research Service, 2016. 4. 19., p. 6.

32 _ Alan Gomez, 〈'These people are profitable': Under Trump, private prisons are cashing in on ICE detainees〉, 《USA TODAY》, 2019. 12. 20.

33 _ Homeland Security, 〈Management Alert – Issues Requiring Action at the Adelanto ICE Processing Center in Adelanto, California〉, 2018. 9. 27., p. 4.

34 _ Homeland Security, 〈Management Alert – Issues Requiring Action at the Adelanto ICE Processing Center in Adelanto, California〉, 2018. 9. 27., p. 6.

35 _ Kristina Davis, 〈U.S. officials say they are highly confident to have reached tally on separated children: 4,368〉, 《Los Angeles Times》, 2020. 1. 18.

36 _ Robert Moore, 〈Woman who alleged sexual assault by guards at El Paso ICE facility deported Monday〉, El Paso Matters, 2020. 9. 14.

37 _ Carter Sherman, 〈Staggering Number of Hysterectomies Happening at ICE Facility, Whistleblower Says〉, VICE, 2020. 9. 15.

38 _ American Civil Liberties Union, 〈100 Mile Border Zone〉.

39 _ Tory Johnson, 〈ICE and CBP Agents Were Deployed at Black Lives Matter Protests〉, Immigration Impact, 2020. 6. 25.

40 _ 송영훈, 〈한국의 법은 성범죄에 얼마나 관대할까?〉, 뉴스톱, 2018. 3. 3.

41 _ 박지혜, 〈"손정우, 한국에선 복역 후 44억 누려"… 눈물 호소한 날 '총공'〉, 이데일리, 2020. 6. 16.

42 _ 박정연, 〈안희정 측근·아들, 줄줄이 이후삼 의원실 채용 논란〉, 프레시안, 2019. 3. 9.

43 _ 맹성규, 〈진중권 "안희정 성폭행 피해자측 증인에 불이익?… 이낙연 해명해야"〉, 《매일경제》, 2020. 9. 1.

44 _ 김원철, 〈안희정 모친상에 보낸 문 대통령 조화에 부적절 논란〉, 《한겨레》, 2020. 7. 7.

45 _ 김경필·허유진, 〈이해찬, 박원순 의혹 묻자 "×× 자식" 버럭〉, 《조선일보》, 2020. 7. 11.

46 _ 최진석, 〈서울시청 앞 故 박원순 시민분향소 방문 조문객 1만명 넘어〉, 뉴시스, 2020. 7. 12.

47 _ 천관율, 〈20대 남자, 그들은 누구인가〉, 《시사IN》, 2019. 4. 15.

48 _ Leah Sakala, 〈Breaking Down Mass Incarceration in the 2010 Census: State-by-State Incarceration Rates by Race/Ethnicity〉, Prison Policy Initiative, 2014. 5. 28.

49 _ Joe Fox et al., 〈What we've learned about police shootings 5 years after Ferguson〉, 《The Washington Post》, 2019. 8. 9.

50 _ 정확히는 수정헌법 제14조 1절의 내용: 미국에서 태어나거나, 귀화한 자 및 그 사법권에 속하게 된 사람 모두가 미국 시민이며 사는 주 시민이나. 어떤 주노 미국 시민의 특권 또는 면책 권한을 제한하는 법을 만들거나 강제해서는 안 된다. 또한 어떤 주에도 법의 적정 절차 없이 개인의 생명, 자유 또는 재산을 빼앗아서는 안 되며, 그 사법권 범위에서 개인에 대한 법의 동등한 보호를 거부하지 못한다(All persons born or naturalized in the United States, and subject to the jurisdiction thereof, are citizens of the United States and of the state wherein they reside. No state shall make or enforce any law which shall abridge the privileges or immunities of citizens of the United States; nor shall any state deprive any person of life, liberty, or property, without due process of law; nor deny to any person within its jurisdiction the equal protection of the laws).

51 _ Clay Risen, 《The Bill of the Century: The Epic Battle for the Civil Rights Act》, Bloomsbury Press, 2014, p. 248.

52 _ 원문은 "The arc of the moral universe is long, but it bends towards justice"로, 직역하면 "도덕적 세계는 긴 호를 그리지만 정의를 향해 굽는다"이다. 의미 전달상 편의를 위해 의역했다.

53 _ Matt Lewis, 〈Obama Loves Martin Luther King's Great Quote-But He Uses It Incorrectly〉, Daily Beast, 2017. 4. 11.

54 _ U.S. National Park Service, 〈Ruby Bridges〉, 2020.

55 _ Clay Risen, 《The Bill of the Century: The Epic Battle for the Civil Rights Act, Bloomsbury Press》, 2014, p. 68.

56 _ 홍다영, 〈"국민 10명 중 6명 차별금지법 제정 필요"〉,《불교신문》, 2013. 7. 1.

57 _ 박대로, 〈김한길, 차별금지법 발의 철회 수순… 화근 없애기?〉, 뉴시스, 2013. 4. 19.

58 _ 박정연, 〈심상정 '차별금지법 지원' 요청에 이낙연 "교계 우려 감안해야"〉, 프레시안, 2020. 9. 1.

59 _ 이대웅, 〈또다시 동성애 포함된 차별금지법안 입법 시도〉, 크리스천투데이, 2013. 3. 11.

60 _ 이정애, 〈문재인, 성소수자 차별금지법 반대 뜻 밝혀〉,《한겨레》, 2017. 2. 13.

61 _ 최경민, 김유진, 〈문재인, 동성애 발언 논란 해명 "차별 안된다는 원칙은 확고"〉, 머니투데이, 2017. 4. 27.

62 _ 홍다영, 〈"국민 10명중 6명 차별금지법 제정 필요"〉,《불교신문》, 2013. 7. 1.

63 _ 박윤경, 〈국민 10명 중 9명 "차별금지법 제정해야"〉,《한겨레》, 2020. 6. 23.

64 _ George Stigler, 〈The theory of economic regulation〉, The RAND Corporation, 2012. 3. 22.

65 _ 박대로, 〈김한길, 차별금지법 발의 철회 수순… 화근 없애기?〉, 뉴시스, 2013. 4. 19.

66 _ 송경호, 〈기독 국회의원, 102명→125명으로 증가〉, 크리스천투데이, 2020. 6. 24.

67 _ 표창원, 〈박근혜·최태민, 황교안·전광훈…정치와 종교, 이별할 때 됐다〉,《한겨레》, 2020. 8. 22.

68 _ 한승곤, 강주희, 〈차별금지법 제정 물으니, 文 "걱정 말라"… 시민들 "혐오 동조 발언" 비판〉, 아시아경제, 2020. 9. 2.

69 _ BBC, 〈4.15 총선: 여성의원 57명 역대 '최다 당선'… 여전히 OECD 최하위권〉, 2020. 4. 16.

70 _ 김철영, 〈제21대 국회 각 종교 당선자 숫자는?〉, 뉴스파워, 2020. 4. 22.

71 _ 통계청, 〈성별/연령별/종교별 인구-시군구〉, 2017. 1. 5.

72 _ 권오은, 〈정실련 "21대 국회의원 29.3% '다주택자'… 재산 국민 평균 5배"〉, 조선비즈, 2020. 6. 4.

73 _ 통계청, 〈2019년 주택소유통계 결과〉, 2020. 11. 17.

74 _ 유스라인, 〈21대 국회의원 10명 중 4명 SKY대 출신… 사교육 걱정 "대학 서열화 해소 시급"〉, 2020. 4. 27.

75 _ 정확한 통계는 없으나 1946년 설립 이후 매년 평균 3000명 졸업을 가정했다. 사망자는 고려하지 않았다.

76 _ 군이 '원내' 정당으로 한정하는 이유는 2020년 총선에서 허경영이 이끈 국가혁명배급당이 보조금 수령을 목적으로 기준보다 한 명 많은 77명의 여성 후보를 공천했기 때문이다. 물론 단 한 명도 당선되지는 않았다.
조재영, 〈여성후보 77명 낸 '허경영당'…보조금 8억 챙겼다〉, MBC, 2020. 3. 30.

77 _ BBC, 〈4.15 총선: 여성의원 57명 역대 '최다 당선'… 여전히 OECD 최하위권〉, 2020. 4. 16.

78 _ 윤성민, 〈이준석 "586은 금수저 꼰대" 우상호 "청년들 시대 도전을"〉, 《중앙일보》, 2019. 6. 20.

79 _ Justin Mccarthy, 〈U.S. Support for Same-Sex Marriage Matches Record High〉, Gallup, 2020. 6. 1.

80 _ Josh Zeitz, 〈The Making of the Marriage Equality Revolution〉, 《Politico Magazine》, 2015. 4. 28.

81 _ Nate Silver, 〈Change Doesn't Usually Come This Fast〉, FiveThirtyEight, 2015. 6. 26.

82 _ Josh Zeitz, 〈The Making of the Marriage Equality Revolution〉, 《Politico Magazine》, 2015. 4. 28.

83 _ Josh Zeitz, 〈The Making of the Marriage Equality Revolution〉, 《Politico Magazine》, 2015. 4. 28.

84 _ Nate Silver, 〈Change Doesn't Usually Come This Fast〉, FiveThirtyEight, 2015. 6. 26.
https://fivethirtyeight.com/features/change-doesnt-usually-come-this-fast/

85 _ 대법원 2011. 1. 27. 선고 2009다19864 판결.

86 _ 국가인권위원회법 제19조.

87 _ 전체수용 1231회(62.17퍼센트), 일부 수용 307회(15.5퍼센트), 불수용 229회 (11.6퍼센트).
국가인권위원회, 〈2019 국가인권위원회 통계〉, 2020. 6. 30., 256쪽.

88 _ 국가인권위원회, 〈남양주시, 공무원과 무기계약직 근로자간 공가 적용 차별금지 권고 불수용〉, 2020. 6. 30.
국가인권위원회, 〈총신·성결·한남대, "교직원 채용 시 비기독교인을 배제 말라"는 인권위 권고 불수용〉, 2020. 1. 7.

89 _ 2019년 통계 기준, 정부 기관에 대한 인권 정책 권고 사례 중 2018년 이전에 권고 되었음에도 아직 검토 중 상태로 남아있는 경우가 총 19건이다.

국가인권위원회, 〈2019 국가인권위원회 통계〉, 2020. 6. 30., 18쪽.

90 _ 이명선, 〈경기도 "매일경제 인권위 권고 불수용 보도, 사실 아냐"〉, 프레시안, 2020. 8. 27.

91 _ 이윤식, 〈인권위 "경기도 '재난지원금 외국인 지급 권고' 수용 안했다"〉, 《매일경제》, 2020. 11. 11

92 _ 차별금지법안(의안번호 1116) 제3조 1-6항.

93 _ 차별금지법안(의안번호 1116) 제3조 1항.

94 _ 차별금지법안(의안번호 1116) 제42조.

95 _ 차별금지법안(의안번호 1116) 제44조.

96 _ 차별금지법안(의안번호 1116) 제45-6조.

97 _ 차별금지법안(의안번호 1116) 제51조 1항.

98 _ "악의적"의 개념에는 고의적 차별, 오랜 기간 지속되거나 반복되는 차별, 보복성을 띤 차별, 또는 그 내용이나 규모가 크게 심각한 차별이 포함된다.

99 _ 차별금지법안(의안번호 1116) 제51조 3항.

100 _ 차별금지법안(의안번호 1116) 제48조.

101 _ 박종민, 〈인권위 "'성전환 수술' 변희수 하사 전역처분은 인권침해"〉, 《동아일보》, 2020. 12. 17.

102 _ 차별금지법안(의안번호 1116) 제56조.

103 _ John Branch, 〈Amid Uproar, Clippers Silently Display Solidarity〉, 《The New York Times》, 2014. 4. 27.

104 _ 미국 일부 주에 있는 전략적 봉쇄 소송(SLAPP·Strategic lawsuit against public participation)을 제한하는 법률(Anti-SLAPP)을 참고로 한 내용이다. 박지원, 〈전략적 봉쇄소송 금지에 관한 미국 입법례〉, 국회도서관, 2017. 11. 30.

105 _ All men are created equal …[and] are endowed by their Creator with certain unalienable Rights.

106 _ Tyler Hayden, 〈Seventh Lompoc Inmate Dies in Nine Months〉, 《Santa Barbara Independent》, 2021. 1. 20.

107 _ Justin Westbrook, 〈New York Taxi Workers Alliance Halting JFK Airport Pickups To Protest Immigration Ban〉, Jalopink, 2017. 1. 28.

108 _ Matt Pearce and Shashank Bengali, 〈When Muslims got blocked at American airports, U.S. veterans rushed to help〉, 《Los Angeles Times》, 2017. 1. 29.

109 _ Alia Dastagir, 〈Outrage over Trump's immigrant ban helps ACLU raise more money online in one weekend than in all of 2016〉, 《USA TODAY》, 2017. 1. 29.

110 _ 국가인권위원회, 〈"신속심사로 이루어진 난민 면접 과정에서 발생한 인권 침해, 법무부 책임 있어"〉, 2020. 10. 15.

111 _ 권수현, 〈외국인 주민, 총인구의 4.3%인 222만 명… 1년 새 8% 증가〉, 연합뉴스, 2020. 10. 29.

112 _ 정성은, 〈정의당 지도부의 계단 아래 참배〉, 《한겨레21》, 2020. 10. 16.

북저널리즘 인사이드   차이가 차별의
                         근거가 되지 않기를

어린 시절, '다름'과 '틀림'을 구분하라고 배웠다. 그런데 지금은 이 둘의 경계가 흐려져 '다른 것은 곧 틀린 것'이라는 전제까지 용인되는 것만 같다. 나(우리)와는 다른 성별, 나이, 장애, 피부색, 성적 지향, 종교 등이 상대를 비난하고 혐오하기에 충분한 이유가 되고 있어서다. 사람을 벌레에 빗대는 각종 '~충蟲'이라는 신조어는 이를 단적으로 보여 준다.

특정 집단이나 계층에 속한다는 이유만으로 보이지 않게, 심지어는 남들 앞에서까지 차별받는 피해자가 지금 이 순간에도 생겨나고 있다. 대다수의 무관심 속에 이들의 고통은 나와 상관없는 '그들만의 문제'로 취급되고, 그사이 차별은 더욱 공고해진다. 그러나 많은 사람이 간과하는 사실이 하나 있다. 우리 모두 특정 상황, 시기에는 사회적 약자인 소수자 즉, 차별의 피해자가 된다는 것이다.

이 책의 저자는 지금 당장 차별의 대상이 아니라고 여겨지는 사람에게도 차별금지법은 필요하다고 강조한다. 우리 모두가 차별의 가해자이자 피해자이기 때문이다. 일각에서는 차별금지법이 표현의 자유를 없앨 것이라고 우려하지만, 이는 사실이 아니다. 반대나 혐오의 목소리를 내는 순간 처벌받을 거라는 주장도 틀렸다. 설령 길거리에서 이민자나 동성애자를 욕한다고 해도 잡혀갈 일은 없다. 우리 사회를 듣도 보도 못한 모습으로 바꾸려는 법이 아니기 때문이다.

지난해 발의된 차별금지법 법안을 살펴보면, 차별 가해자에 대한 처벌보다 차별의 피해자를 보호하는 데 방점이 찍혀 있다. 다시 말해, 차별금지법을 제정해야 하는 이유는 사람들의 입과 귀를 막기 위해서가 아니라 차별 피해자들을 실질적인 불이익으로부터 보호하고, 나아가 평등이라는 우리 모두의 기본권을 더욱 공고히 하기 위함이다.

차이를 차별의 근거로 삼는 순간, "법 앞에 모두가 평등하다"는 헌법 제11조 1항은 무시된다. 10년 넘는 세월 동안 차별금지법을 애써 무시하고 묵히는 동안, 우리 주변에 평등이라는 기본권을 빼앗긴 사람은 계속해서 늘어났다. 동시에 혐오는 일상적이고 익숙한 것으로 변질했다. 이대로라면 다음 피해자는 누가 되어도 이상하지 않다. 더 이상 미루지 말고 차별금지법 논의를 시작해야 하는 이유다.

전찬우 에디터